碌碌无为不是前生注定
业绩突出不靠命运帮忙
从平凡到优秀，就是这样简单！

从平凡到优秀

李晓兵◎编著

优秀员工行为准则

中国言实出版社

图书在版编目(CIP)数据

优秀员工行为准则/李晓兵编著.
—北京:中国言实出版社,2011.2
ISBN 978-7-80250-403-5

Ⅰ.①优…
Ⅱ.①李…
Ⅲ.①企业—职工—修养
Ⅳ.①F272.92

中国版本图书馆 CIP 数据核字(2010)第 228684 号

出版发行 中国言实出版社
地　址:北京市朝阳区北苑路 180 号加利大厦 5 号楼 105 室
邮　编:100101
电　话:64924716(发行部)　64963101(邮　购)
64924880(总编室)　64914138(四编部)
网　址:www.zgyscbs.cn
E-mail:zgyscbs@263.net

经　　销 新华书店
印　　刷 北京毅峰迅捷印刷有限公司
版　　次 2012 年 2 月第 1 版　2012 年 2 月第 1 次印刷
规　　格 710 毫米×1000 毫米　1/16　14.5 印张
字　　数 190 千字
定　　价 32.00 元　　ISBN 978-7-80250-403-5/F·333

前言
Preface

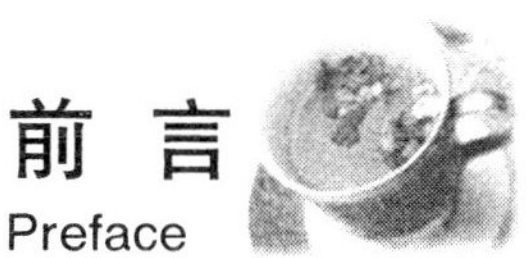

很多员工一直抱怨自己的处境:“只见工龄增,不见工资涨。”在员工牢骚满腹的同时,做老板的也在抱怨:“人力成本越来越高,而工作努力的优秀员工却越来越少。很多人只是在公司里占有一个位置,却看不到他们能给公司创造出多少让人满意的业绩。”

怎样才能改变这种两面尴尬的局面?如何让老板对员工的工作感到满意?怎样才能让员工尽快加薪、晋级,在职场中脱颖而出?这个问题的答案是,只有把自己打造成“金牌员工”,才能实现在职场中创造人生辉煌的梦想,才能够实现员工与企业双赢的局面。

如何才能帮助员工实现成为优秀员工的梦想,让工作实绩到人生理想实现从平凡到卓越的起飞?

从华人首富李嘉诚先生的身上,我们可以看到一个立志卓越的人所走过的道路,李嘉诚从身份最低的店员、销售员做起,白手起家,最后创造了一个草根创造奇迹的佳话。

通过李嘉诚先生的成功,我们可以得出这样一个结论:只要找到方法,成功是可以复制的。

在职场中,可供人们学习的方法就是在众多成功人士的身上寻找规律并加以总结,本书在分析了古今中外许多名人成功的案例之后,从与企业共同成长、只问耕耘不问收获、端正工作态度、让自己无可替代、学会感恩、用行动证明能力、关注细节、不断提升自己、忠诚敬业、团结进取等十个方面，为众多渴望成功、不甘于在平凡的生活中碌碌无为的人提供了可以操作的方法，帮助那些受到困扰的人，找到突破限制自己发展的内在力量。

其实，人生就是一个不断突破自己、逐步成就人生梦想的过程。人生像一场漫长的马拉松比赛，让自己从平凡到优秀的过程，就是这漫长的征途。

目 录

Contents

第一章 与企业共同成长

与企业共同成长，就是员工与企业之间签订一个“心理契约”。“心理契约”这个名词是美国著名管理心理学家施恩教授提出来的，意思是指企业的成长与员工的心理与行为之间达成一种高度的默契，企业能够清楚并满足每个员工的发展期望，每一位员工也为企业的发展奉献全部力量，如同鱼水相依……

第二章 只问耕耘不问收获

人生之所以会有很多痛苦，是因为人们的希望常常会化为泡影，理想得不到实现，渴望得不到满足。如果能够始终保持一颗平常心，在工作中只问耕耘，不问收获，即便到最后没有得到任何回报也无怨无悔。如果你拥有了这样一种心态，世界上的任何困难都无法将你击倒！

第三章 态度决定命运

常言说“态度决定命运”，一个人的心态决定了他的事业所能达到的高度。人有什么样的心态就有什么样的命运。我们怎样对待工作，工作就会怎样回馈我们……

第四章 让自己在工作中变得不可替代

西班牙著名的智者巴尔塔沙·葛拉西安在其《智慧书》中告诫人们：“在生活和工作中，要不断完善自己，使自己变得不可替代。让别人离了你就无法正常运转，这样你的地位就会大大提高。”事实确实如此，如果一个人在他所在的公司里具有这样的作用，那么，他的成功将会指日可待。

第五章 学会感恩,因为你的工作来之不易

在科技不断进步的今天,大部分由人来完成的工作逐渐被机器所取代,很多企业都开始裁员,想找一份稳定的工作越来越难了。或许,你会说:“我有工作,而且还在考虑是否要跳槽呢!”如果你是这样想的,这也许就是你最大的悲哀,因为你不懂得珍惜来之不易的工作。

第六章 提高业绩,用能力证明一切

为什么你的薪水迟迟不能提高?为什么你的业绩不如人家?如果你希望自己成为企业的中流砥柱,那么,从现在开始,走出迷茫与彷徨,努力做好本职工作,真正的优秀员工从来都是用业绩说话的!

第七章 成败都在细节中

什么是细节？为什么关注细节的人能够取得成功？细节是长期以来形成的习惯，细节是成功经验默默的天长日久的积累，细节是良心、耐心和责任心的高度体现。每一个完美的细节，都是我们通向成功的奠基石……

第八章 在工作中不断成长

任何一个优秀员工的成长，都离不开企业给予的机会。每个人都应在职场中不断接受挑战，在付出的过程中不断成长。通过自己不懈的努力，我们将会在不经意间，收获那一份人生的感悟和成功的喜悦。

第九章 忠诚敬业，打造职场金牌品质

忠诚是人类最重要的美德之一,它是生命的润滑剂,优秀的员工能将忠诚和努力融为一体,忠实于自己的企业,热爱自己的团队,与老板同舟共济,共克时艰。有了这种忠诚敬业的品质,你的事业才会获得更大的成功,才会在工作中享受人生的快乐。

第十章 与团队共同成长

优秀员工不是在企业中表现个人英雄主义的好汉,而是具有高度团队精神的真正英雄,他们会与企业中的其他员工齐心协力,朝着一个目标努力,在实现企业最终目标的同时,实现个人的人生理想。

附 录

第一章　与企业共同成长

与企业共同成长，就是员工与企业之间签订一个“心理契约”。“心理契约”这个名词是美国著名管理心理学家施恩教授提出来的，意思是指企业的成长与员工的心理与行为之间达成一种高度的默契，企业能够清楚并满足每个员工的发展期望，每一位员工也为企业的发展奉献全部力量，如同鱼水相依……

1 把职业当成展示自己生命的舞台

一个好员工一定是在职业当中能够有所收获的人。他会把工作当做自己引以为荣的事,如果在职业中找不到人生的归属,就好像生活找不到方向,没有了信心,没有了动力,你的生活也就没有了任何意义。

只有在工作中找到自己的位置,树立坚定的信心,明确自己的职业定位,才能让自己在工作中收获成功的喜悦。有了这个目标,相信你的生活会更加幸福快乐!

选择一个好的职业,找到一份好的工作,可以改变一个人的命运,这个命运一直都是掌握在自己手中的。假使你把职业当成展示自己生命的舞台,让每一个过程都充满精彩,那么你的职业会让你变得与众不同。

很多人都想让上司看到自己的表现,他们觉得上司的眼睛是雪亮的,员工的表现绝对不会逃过上司的眼睛,只要干得出色,迟早会被上司看到,同时也会为自己奠定走向高一级职位的基础。而事实往往并不是这样,上司就像被蒙住了眼睛的驴子,他只同你一起拉磨,却看不到你闪转跳跃的矫健的身手。这时你要十分冷静,努力地表现出自己精明强干,且不可意气用事,引得上司发火,毁掉你的前程。

杜小辉,计算机专业毕业生,他一直想成为一名软件工程师。但是毕业之后,他的职业生涯并不顺畅。经过几次面试失败的打击,他发现,并不是靠自己的专业水平就能找到相应的工作,他的心理压力非常大。他不知道自己的定位在哪里,当初那种火一样的热情遇到了兜头的凉水,那些积极的想法一时间化为乌有,整个人一天到晚无精打采,乱了方寸。

俗话说,病急乱投医,他盲目地找了好多工作,做过营销员、接待员、企业策划,但这些职业都不是自己心中理想的职业。他不断地寻找新的工作，又不断地变换，这让他对自己完全失去了信心。工作的变化使他感觉到生命中宝贵的时间在慢慢地流逝，自己的能力也没有能够得到锻炼和提升。

经过几番思考之后，杜小辉总结了自己在求职道路上屡战屡败的原因。主要有两点：一、总是好高骛远，不顾现实，所以没有给自己找到稳定的职业。二、经常变换工作，找不到恒定的感觉，不利于自己增长职业经验。找到了问题的根源之后，杜小辉重新调整了自己的心态，给自己的职业定好位。这时又有一家公司正在招聘，他便欣然地应聘了，这一次他顺利地被录用了。这个职业虽然和他当初的理想也有很大的差距，但是他对于职业的态度改变了，他清楚地认识到，只有务实肯干，才能修成正果。

有了这份工作，杜小辉倍加珍惜，不再像以往一样走老路，挑三拣四，他改掉了以前总是眼高手低的坏毛病，不再急于求成，而是脚踏实地，从一点一滴做起，把职业当成自己的生命寄托。

经过时间的洗礼，他从一个普通的职位上找到了自己的人生目标，并且在公司树立了完美的形象，多次被评为优秀员工，又获得了带薪读研深造的机会。

通过自己多次求职并转变观念的经历，他悟出了一个道理：世界上没有平凡的岗位，只有平凡的人。只要你能够把自己的职业看成是生命中最重要的事，你的作用就会凸显出来。其实在现实生活中，在平凡的工作中取得突出成绩的例子多得数不胜数。

在工作中，不能给自己准确定位、找不到成就感的年轻人很多，他们往往只会怨天尤人，抱怨“千里马总遇不到伯乐”，常有一种被埋没在平凡大众之中的失落感，其实，这只是自己心态的问题，他们并没有找到问题的根源。刚刚从校门走出来的年轻人,总以为自己在学校里已经学得差不多了,可是到了社会上就会发现,在学校里学到的知识与工作中需要的技能,存在着很大的差异。

工作不是讲理论,上大课;工作也不是做作业,开空头支票;工作讲究实践,要求解决具体问题。对于一个员工来说,要对自己有着清醒的认识,找到适合自己的位置,不要总是感觉别人的什么都是好的,别人碗里的饭多么好吃。真正的路在于自己怎样走,每一步的积累都是自己人生中的宝贵财富。怨天尤人的思想和行为不但耽误了自己的职业发展,而且这种负面的心态也会影响到公司的整体发展。

如果把公司中的员工比作一部机器中的一个小部件,你会觉得他微不足道。可是,如果所有的小部件都不能正常运转,那么这部机器就会停止工作。只有每个员工都在自己的位置上发挥自己的最大作用,公司才能很好地发展。

英国哲学家培根在他的著名的论说文集中说:"蚂蚁是一种为自己打算起来很聪明的动物,但是在一座果园或花园里它就是一种有害的动物了。**那深爱自身的人的确是有害于公众的。所以一个人应当把利己之心与为他人之心以理智分开,对自己忠实,要做到无欺于人的地步。**""把一个人的私利,作为他的行动的中心是很不好的。"一个人充其量只能是一个集体中的一员,只有看清这个整体的利益所在,才能发挥自己的作用,并从中获得个人的利益。

人的一生有许多收获,身体本身是一个"1",要在"1"后面创造出很多个"0",你才会得到最大的收获。职业也是一样,有了目标你就找到了生命中的"1",要在工作中不断地寻找机遇,积累经验,常存进取之心,适时改进自己,那样才会创造出无数个"0"。只有你觉得有了精神的寄托,你才会有动力去面对一切,才能完成心目中的1000……

马登说:"无论我们希望获取什么,都应该首先把它深深地印在心里。这是心理学中的一个原则。"应该在自己的头脑中清晰地勾勒出自己完成目标后的画面，找准自己的目标，它将帮助我们出色地完成目标，来实现自己的愿望，让自己成为一个高素质的员工。

清代名臣曾国藩曾经说过："天可补，海可填，南山可移。日月既往，不可复追。"晋代著名诗人陶渊明也曾这样感叹过，"盛年不重来，一日难再晨。及时当勉励，岁月不待人"。他们都在谆谆告诫我们要珍惜时间，时不我待，我们要在最短的时间里，找到自己的人生方向，并且要为此努力，尽善尽美地实现它。

2　面对困难，与公司站在一起

有的人是很聪明的，他们很善于为自己谋取私利，其实这种所谓的聪明，不过是在房屋即将倒塌之前洞中老鼠的聪明而已，这种聪明只能是小聪明，绝不是大智慧，时时刻刻想着为了保全自己，不顾别人死活的人，是不会取得发展的。

有些年轻人十分缺乏责任心，以善于投机取巧为荣。老板一将身子转过去他就懈怠起来，一般的工作中尚且推诿塞责，不思进取，惯于寻找种种借口来遮掩自己的过失，一旦遇到大的考验来临也就只有三十六计"走为上"了。

每个公司都有遇到困难的时候，作为一名员工，我们应该发扬"以公司为家"的精神，只有把公司当成自己的家，才会集中精力，心无旁骛，通过辛勤的劳动，把自己的家园建设得更好。只要全心全意为公司着想、为公司分忧，把大家的力量凝聚在一起，那么什么困难都可以迎刃而解。

虽然我们力量有限，但这是我们的责任和义务，想到此处你会认为自己在做一件很有价值的事情。遇到困难和棘手的问题，就不会有事不关己的想法。请记住，企业是我们赖以生存的家园，是我们收获果实的土壤，它的兴衰成败与我们每个人的命运紧密相连。

把公司比喻成一个浓缩的社会，不如说公司是一个永恒的舞台，公司里的每一位员工都在演绎着自己的人生角色。也许在前一场戏里你只是个背景，经过不断的努力你就可以在下一场戏中成为一个小小的配角，虽然只是前进了小小一步，虽然表演的时间短暂，但是这个机会弥足珍贵。然而对于当今的社会这一点表演时间也已在众人的窥视之中、觊觎之下，我们只有不断努力，才能够一步步走向舞台的中央，才能从配角成为主角，在公司里，每一位员工都是主人，面对困难，应该积极主动寻找解决的办法，和公司共同度过难关。

公司的成长也是如此，有的员工随着公司的成长已经实现了自身的价值，亦不断增加自己的能力，公司也会对他所做的一切表示感谢。因为这些人主动承担了公司发展中所需要承担的责任，在追求自身进步的同时也推动了公司的成长。无论是在公司发展强大、快速膨胀还是步入瓶颈、遭遇困境时，作为员工，应该与正在处于困境中的企业站在一条船上。

世间的万事万物却很微妙，也很公平。小到每一个人、每一个公司或企业，大到每一个国家，从诞生到发展，再到繁荣，这期间都会经历万般磨炼，其中都会经历低谷、高潮，有欢乐，也会有辛酸。员工与企业，是一种一荣俱荣、一损俱损的关系，只有公司发展得好，员工才能从中获得丰厚的收益。而当企业面临困境的时候，作为员工的我们也应该为公司分担一部分困难，不应该为了自己一时的利益，埋怨公司，离开公司，进而做出一些有损公司、也有损自己利益的事情，面对一切出现在我们面前的困难与机遇，正视一切，方能一往无前。

目前在职场中的竞争是非常激烈的，就业难已经成为不争的事实。在这样的大环境中，我们应以感恩之心对待我们的公司，感恩公司给了我们工作的机会，感恩公司给了我们发展的舞台。

古人云“路遥知马力，日久见人心”，俗话说“患难见真情”。特别在企业发展遇到困难的时候，更是考验我们员工品质和毅力的时候。我们不能只想到企业发展好的时候，能多拿钱，就好好干；企业环境差的时候，我就另谋高就;或者找不到更好的工作,就混日子,得过且过。

一个人的工作态度折射着他的人生态度,而人生态度也决定了一个人一生的成就。工作对于一个人而言是一种乐趣还是烦燥乏味的事情,全看你的想法如何,而不在于工作本身。工作往往是无所谓好无所谓坏的,能够从工作中获得快乐、成功以及满足感的秘诀绝不在于只挑自己喜欢的事情做,而在于发自内心地将注意力集中在自己目前所做的工作上,朝于斯夕于斯,积累的结果一定就是成功的前奏。

一个优秀的员工要做的是:**从进入公司的第一天起,就把自己当做公司的合作伙伴。我们的发展依靠企业的发展,企业的发展又依靠每一位合作伙伴的共同努力。**从进入公司的第一天起,就要把公司当做自己的家。企业越是困难的时候,越需要我们的付出,越需要我们的关爱,越需要我们加倍努力。当你用心去关爱公司的时候,公司也会同样关注你。

企业之船航行在市场经济的大潮中,领导人是舵手,我们都是船上的水手,只要大家齐心协力,就没有闯不过的激流、战胜不了的风浪。我们与企业风雨同舟,同舟共济!同舟共济并不需要我们有着怎样的惊天动地之举,只要我们把本职工作做得更好一点,把服务做得更细一点,和公司站在一起!

3　公司不是别人的,我也是其中一分子

很多员工认为,我在公司上班了,公司就应该付给我薪水,其实这是错误的想法。从本质上讲,这就歪曲了企业与员工间的真正关系。其实工作本身并不如你想象的那么重要,重要的是你在工作中创造出来的价值,工作的结果才是最重要的,它是你获得薪水的来源和依据。所以,从商业的角度来看,员工与公司之间的关系可以看作是一种等价交换,员工工作创造出价值,公司支付员工相应的工资,只有为公司创造出了价值,

才能心安理得要求公司付给你薪水。

生命对某些人来说是美丽的,这些人的一生都为某个目标而奋斗。“一滴水只有放进大海里才永远不会干涸,一个人只有当他把自己和集体事业融合在一起的时候才能最有力量。”

同样,优秀的员工,作为公司的一分子,“热爱公司,与公司共进退”,绝不能只是一句空话。我们应该把对公司的满腔热情落实到自己的实际工作中,爱岗敬业,求实奉献;通过一己之力为公司的发展推波助澜,为公司的繁荣兴旺添砖加瓦;为公司取得好的效益尽心尽力,兢兢业业,这才是热爱公司的具体表现。作为公司的一名员工,个人的命运与公司的命运密不可分。我们应该把工作当成磨炼自己意志的熔炉,当成使自己获得成功力量的推进器,热爱着并奋斗于自己的事业。人人努力工作,公司才能兴旺发达,同理,只有公司发展得好,个人才能拥有发展的空间,有了这样强大的公司作为坚强的后盾,个人的发展也才能有所保障。

伟大领袖恩格斯在总结革命斗争经验时说过:“为了进行斗争,我们必须把我们的一切力量拧成一股绳,并使这些力量集中在同一个攻击点上。”卢瑟福在谈到科学工作时说:**“科学家不是依赖于个人的思想,而是综合了几千人的智慧,所有的人想一个问题,并且每个人做它的部分工作,添加到正在建立起来的伟大的知识大厦之中。”**所以我们应该把我们的每一份力量都融合在一起,为公司为自己的事业做出最大的努力。工作是量化每位员工是否具有卓越能力的尺度,在企业竞争激烈的今天,如果每位员工的心里都把自己当成公司的一员,可以激发出最大的潜能,可以预期,它创造出惊人业绩的那一天并不遥远。

一个大客户给B公司发了一个订单,可是没有回应。于是再发,不知道发了多少封,都被退回了。这个客户很生气,于是找到那家公司的秘书。请求她查询,可是秘书说邮箱满了,没有收到邮件。

没办法。三天过去了,他又发了很多次,还是过不去。

又找了秘书，她竟然说还是没有收到。想想这三天之内，该有多少封邮件被无辜地退回了，又有谁知道，有多少封被退回的邮件是非常重要的呢？

如果那位秘书能够考虑到这一点，每日查看并清理邮箱，就不会出现这种情况了，作为一个秘书，这是最起码的责任，可是就连这一点最简单的事都没有做好。如果她是公司的老板呢？她会这样不负责任吗？当然不会，可见她从来没有把自己当成这家公司中必须承担责任的一分子。

这个秘书的工作并不复杂，她完全可以把这份工作做得更圆满，从而得到更多的提拔机会，但是她并没有这么做。她之所以这样应付，就是因为她没有把公司的利益和自己的切身利益联系在一起。作为公司员工，公司的赢利和每位员工都是密切相关的，公司的赢利来源于为顾客创造价值，赢利的大小取决于每位员工为顾客创造价值的大小。

也许你的业务技能并不是很高，业绩也并不是特别的好，可如果你把自己当成是公司的一分子，去努力工作，相信总有一天能够取得相当的收获。

蒋丽是一家商场的导购员，她人很随和，人们都亲切地叫她蒋大姐。在销售旺季的时候，她习惯主动加班，有时甚至是不离柜台半步，只怕错过顾客，加班对她来说是经常的事。一天，到了下班时间她还没有走，有人问她不回家吃饭吗？她却说因为有一个客人说今天会来看家电，她怕机会就此错过。在与顾客接触中，她总是积极认真地推荐产品，始终保持实事求是的语言风格，不夸大产品的优点，能够准确地推测出顾客的心理，及时提供顾客希望了解的产品信息，因而赢得了顾客的信任。

一次，在促销活动中，有位导购员正好休息，蒋丽便主动替她介绍产品，最后顾客非常满意，夸奖她态度好又热情。她的举动让顾客非常满意，也让同事们感受到了她对待工作的责任心。

海尔公司关于员工个人的价值观，有过一段十分精彩的表述：**“人的价值高于物的价值，共同价值高于个体价值，共同协作的价值高于独立单干的价值，社会价值高于利润的价值。”**这是从公司的角度对于员工价值的正确认识。

从员工的一方面说，只有公司发展了，个人业务技术水平提高了，才能创造出较高的价值，而价值越高，公司发展越快，赢利越高，个人的收益也就越大。所以，在每一位员工的心中应该有着“我与公司共命运”的坚定信念。从我们踏入公司的第一步开始，就要感恩公司给了我们这样一个学习知识、锻炼成长的机会。如果你把公司当成是自己的，加倍努力地工作，不断克服困难，迎接新的挑战，在工作中不断学习，提高自己的业务技能，适应公司快速发展的要求，为公司创造更多的效益，一定会使自己得到更大的收获。

4 敷衍老板就是欺骗自己

现在很多人都很茫然，并不知道自己上班究竟是为了什么。在固定的时间、固定的地点，像一个机器人一样机械地工作，缺乏主观和能动，缺乏思考和创新，虽然身体在工作，心里则感觉到是在敷衍老板。他们在固定的时间领取固定的薪水，然后例行公事地抱怨一番，又接着上班。这样的人只是被动地应付工作，把工作当成一种负担和包袱，没有在工作中投入自己全部的热情和智慧，只是像机械一样地完成任务，而不是充满自信、自动自发地工作着。这样的员工自然很难为公司的发展前途着想，往往只顾自己的利益，抱着一种得过且过的心理。

事实上，敷衍公司就是敷衍自己。一方面会给公司造成损失，同时也会给自己造成损失——损失了自己在事业上的前途。一个聪明的员工绝不会在多数人都偷懒、敷衍的时候随波逐流，因为他有自己的职业追求，他不会敷衍老板，因为他知道，敷衍公司就是欺骗自己。一个富于智慧的员工会无时无刻尽职尽责地做着自己的本职工作，同时还会照顾到各部门之间的协调配合，他会自动自主地杜绝偷懒和敷衍；一个聪明的员工总是会把公司的利益放在首位，不管任何时候都不会做有损公司的事情；他会以维护公司的形象为职志，做自己力所能及的事，十分关心公司的发展前途。其实公司与员工的关系也是舟与水的关系，古人说的“水能载舟，亦能覆舟”应该成为我们耳边常鸣的警钟。

小浩是一家公司市场部的新人，来到公司不久，还不是很了解公司的情况。这天早上，他参加了一个营销会议，会议提出由他统计一组数据。下午的时候他就接到了一份会议纪要，令小浩感到不可思议的是，这个纪要与以往看到的同类文件都不一样，开头很简短，把本次会议的目的和过程说明了一下，下面就是一张满满当当的表格，详列了一长串会上布置的工作内容及其对应的责任人、完成日期、评审人、评审时间等项目，再加上整理转发人和电脑监控考核人，共组成了七大要素。小浩的名字也在责任人一栏中，规定他必须在2天内完成全部数据的统计汇总并形成书面报告，然后经主管部门的评审人评审合格并签字确认后，交到监控考核处，作为完成工作的依据。

他在心里暗忖，怎么可能在这么短的时间里做完这么多的工作呢？既然有困难，他又不想向领导反映情况。于是便自作主张、敷衍了事，没有核对具体数据，只是随便地做了一个书面报告就交上去了。结果这份报告很快就被公司退了回来，而且，老板也通过这件事，发现了小浩的工作作风不踏实，不仅将他调出了市场部，让他到办公室做了勤杂人员，而且工资也被降了两级。

现今社会中的许多人正在漫不经心地工作，养成了散漫、马虎、不负责任的态度和习惯，其实是在漫不经心地“建造”自己的生活。他们不是积极行动，而是消极应付，做事不肯精益求精，在关键时刻不能尽最大努力。等他们察觉到自己的处境不利时，自己早就成了这种坏习惯的俘虏。

作为一名优秀的员工，应该用你的智慧好好地创造属于自己的生活。放下敷衍的想法，首先要认清敷衍的后果。

一名优秀的员工不仅要调整好自己的心态，对周围的人也要抱有一颗责任心，积极自信。还要弄明白“工作”与“做了”的界线，不要有“反正我已经做了”的想法，因为这个想法最容易导致敷衍塞责的结果。要知道，工作中必须积极地解决问题，并且主动地思考，设法使你目前的工作具有广阔的发展前景。

这样一来你就会有一种不断寻找解决方法的能力，就会有克服障碍的意志力，具体表现才能到达崭新的境界，无论如何，你的工作品质以及从工作中所获得的满足感都掌握在你自己的手里。要知道，积极思考造成积极人生，消极思考造成消极人生。

人类不是机器，人是有灵魂的，有对他人和社会的责任与关爱，能通过工作找到人生的价值和意义。敷衍不会给人带来轻松，相反，它会使人越来越没法轻松。

命运总是厚待那些勇于面对问题、自觉承担责任的人。责任能够让一个人具有最佳的精神状态，精力旺盛地投入工作，并将自己的潜能发挥到极致。责任感是出色地完成任务的前提和条件，具有较强的责任感是人性的升华，它能把一个普通人提升到相对高明的境界。

没有做不好的工作，只有不负责任的人。任何时候都没有不能解决的问题，肯于付出努力的人，一心想要解决问题，首要的步骤先要培养责任心，具有强烈的使命感，其次则是科学的方法，配合知识技能，再次是持久的耐力和忍辱负重的品格和精神。

一个优秀的员工懂得什么是自己的义务，他的工作目标明确，他的工作量清楚，他知道，付出了就能得到收获。简单地说：工作是对薪水的义务。

另外还要培养对于工作的兴趣，兴趣会使你的“内在激励”更持久，更经济有效，因为责任与兴趣是相伴而生的。孔夫子说：**“知之者不如好之者，好之者不如乐之者。”**大凡成大事者必是乐其事者。

遇事不要置身事外。不要以“这不是我的职责”、“老板没要求我这么做”为理由，推卸责任，置身事外，而应该抱着“公司的事就是我的事”的工作信念，为公司的发展着想。

如果你是公司的一名仓库保管员，如果在发货清单上发现了一个非常重要的错误，这个问题虽然与你的职责无关，但是，当你发现这个问题的时候，你该如何处理呢？如果抱着“反正不是我的错”的心态，隔岸观火，如果真的酿成大祸，你自然也摆脱不了干系。如果企业因此蒙受巨大损失，你自己的饭碗也会因此失去，这能说与你的工作无关吗？

不要抱有“等着瞧”的态度看别人工作，这是一种消极的行为，也是渎职的行为，有成就的人都是积极的参与者，而不是旁观者，更不会是那个敷衍老板的人。旁观者的姓名永远爬不到比赛的计分板上。不论我们处在公司的哪一个部门，我们都是同一个团队里的，在为同一个公司服务，所以，我们必须为公司的整体利益着想，通过部门间的合作来解决公司的问题，你若是敷衍了老板，老板不久就会证明给你看，你其实一直是在欺骗自己。

拿破仑·希尔曾请一名年轻的女子给他当助手，替他拆阅信件，然后对这些信件进行分类。她的薪水虽然并不高，但她的工作态度却与众不同，因为她总是用最严格的标准来要求自己。晚饭后，她常常又回到办公室继续工作，不计报酬地干一些自己本职工作以外的事——譬如替老板给读者回信。她认真研究并掌握了拿破仑·希尔的语言风格，以至于所有读者都以为这就是拿破仑·希尔先生本人写的。她一直坚持这样做，并不在意拿破仑·希尔是否注意到自己的努力。终于有一天，拿破仑·希尔的秘书因故辞职，在挑选继任人选时，拿破仑·希尔先生自然而然地想到了这个非常勤奋的女子，将她提升为秘书。

我们发现，卓有成效的劳动成果总是青睐那些积极主动的人，他们总是在工作中积极承担责任，假使那个女孩只是像其他人那样敷衍老板，没有认真钻研拿破仑·希尔的文章，我想，她永远不可能成为拿破仑·希尔的秘书。

要知道，那些每天早出晚归的人，不一定是认真工作的人，那些每天忙忙碌碌的人，不一定是效率最高的人，那些每天按时打卡、准时出现在办公室的人，不一定是没有失误的人。

对于任何一家公司，它需要的绝不是那种循规蹈矩、敷衍老板、缺乏热情和责任感的员工，而是需要积极主动、自动自发地去投入热情的员工。

我们每个人所做的工作，都是由一件件小事构成的。比如说，你每天所做的工作可能就是接听电话、整理报表、绘制图纸之类的小事。那么，你是否对此感到厌倦、认为毫无意义而提不起精神？你是否因此而敷衍应付？

这些就是你的工作，要想把每一件事做到完美，就必须付出你的热情和努力。一滴水中可以反射出太阳的光芒，从做小事的态度中，就可以判断出做大事的能力。所以，不要对工作中的小事敷衍应付或者轻视懈怠。所有的成功者，他们与我们都做着同样简单的小事，唯一的区别就是，他们从不认为他们所做的事是简单的小事。不要自我设限，要积极面对现实：成功人士都是以积极心态看待问题的，他们从来不会在没有做事之前，就假定“这件事情我一定做不好”。

害怕承担责任的一个重要原因，就是没有勇气面对失败，自己在心里给自己设下了太多的限制。

要相信自己的潜能，相信自己能够勇敢地承担责任。同时，也不要轻视自己的工作，再平凡的工作都是未来不平凡的积累。只有做事积极，一丝不苟，才能够在工作的过程中发现问题、驾驭方法，解决问题，并保证自己时时刻刻都有所进步。有一点可以被确认为真理：即使你爬到了最高的山上，一次也只能脚踏实地地迈一步。

5　挥洒激情，快乐工作

企业对员工来讲，是第二个家。人的一辈子工作时间很长，占到生命的三分之一。如果你对于工作没有激情，那么你生命的三分之一的时间都将在平庸中度过，假如你不能快乐地面对你的工作，那么你生命的三分之一时间都是活在无可奈何之中。

激情是员工成功的源动力，更是员工带领公司走向成功的关键要素。只有充满而持续的激情，才能集中精力，最大限度地发挥潜力，贡献自己的聪明才智。点燃工作的激情是第一要务，何所谓激情？激情是一种极高的热情、全身心地投入到一项工作或事业、追求较高目标的亢奋的精神状态。

翔宇集团目前已经是一家比较大的企业了，它的生产厂房占地2000多平方米。拥有生产大型加工设备13台，数控加工中心5台。厂内职工180名左右，高级工程师8名。总资产一亿四千万。1990年，翔宇还是个不起眼的生产量具的小公司，那时只有三十几个工人，而在几年前，随着同行业企业的迅速增加、快速发展，小公司的销售量逐步下降。

当时翔宇公司已经积压了很多产品，资金不能正常周转。万般无奈下，老板要解散员工。正在这公司面临倒闭的紧要关头，17岁的女孩欣然来到公司求职，老板苦笑道："抱歉啊，小姑娘，我们员工都要面临下岗了。公司销售上不去，还怎么请得起员工啊？"

欣然看了看老板："那您还需要营销人员吗？难道连做业务

的人员都下岗了?”

老板见小姑娘对自己公司这样关注,就好奇地跟她谈了起来:“我们没有固定的业务员,一般是有人拿了订单来厂家提货,或者给业务员提成。目前厂家太多了。我们在同行业中没有什么知名度。一方面我们生产的产品都是按国家标准的。一些小厂家把产品质量减轻,降低了成本,出厂价格低,业务员的利润相对高些,也就不来我们正规厂家提货。目前我们的业务都是直接对准用户的,用户如果比较注重质量,会来我们这里直接取货,可是能自动找上门来的用户太少了,一般都要通过业务员联系。”

欣然听了,笑了笑说:“我所学的就是营销,按您刚才所说,我今天算是没有白来一趟,只要能卖货就能算是您公司的业务员了。”

老板有些好奇:“那当然,不过你能行吗?好吧,如果一年内你能卖出10吨货的话,我就聘请你为公司第一个固定的业务员,按月给工资。”老板显然有些开玩笑的意思。他怎么也没有想到一个小姑娘能做成什么令企业起死回生的大事。

欣然笑道:“老板,您公司3天的生产量就不止5吨,您说让我一年销售10吨,您太小看人了,不过我愿意试试。”

几天后,欣然果然联系到一个客户。不过数量还有货品都没有定,只是帮老板接上了头,因为欣然自己目前还不精通量具。老板后来卖出了30吨的货。按说30吨不能算多,但老板发现了欣然确实对这件事非常认真,是个做营销的料。于是高兴地对欣然说:“你可以做我的第一个公司聘请的业务员了,以后无论业绩如何,每月都给你1000元工资,加业务提成。”还给了欣然5000元提成,算是卖出30吨货的报酬。

欣然做了翔宇公司的业务员,老板为她印制了一盒名片,欣然接过名片看了看，自己也拿出了一张："老板，我想请您印制10万张这样的名片底片。"

老板惊呆了："你想做什么啊？你用得了这么多吗？"欣然笑了笑，拿过名片给老板看。那张名片上没有内容，只有翔宇公司的照片背景，在左下角有一指甲大小的方格，里面有翔宇公司的联系方式。

欣然对老板说："这是一张空白名片，把这种底片低价卖给专门印制名片的地方。目前做量具销售主要是针对一些大公司，用户一般是通过业务员来购买的。不过他们只要求量具的规格，没有指定固定的厂家。这些大老板们都没有时间查阅资料，但名片是每个老板都要用的，业务员也要用。我们把带有自己厂家图案和品牌背景图片的名片投向名片印制市场。这些带有我们厂家广告的名片就会传到每位老板、业务员的手里。"

老板听了欣然的话，再也不认为她只是一个黄毛小丫头了，采用这种方法，不需要投多少资。印制了底片再卖出去供人使用。即使不赚钱也赔不了多少，老板感觉这个办法可行。

随后印制了1千万张底片，找人发向全国量具需求量大的地区。结果只用了自己1万多元，派遣雇用的人员将这些名片底片送了出去。

当时两月根本没见什么效果，老板有些忐忑了，欣然说："老板，你急什么啊？这些名片起作用得要一个过程的。不要担心。那么多名片就算是万分之一流到需要量具的客户手里，再有千分之一人选中了我们的产品也会有生意的啊。"

两个月过后，果然有人电话上门，订购货物，而且陆续来了十几个。十几天就卖出了100多吨。老板一看名片具有如此奇效，马上又印制了1千万张，而且以更便宜的价格赔钱放到印制名片的门市上。一面多招工人，增加生产量。

两个月后，翔宇公司仓库里的积压货物卖完了，又生产的200吨也没有了。短短两月之内竟卖出了两千多吨，竟是平时两年的销量！欣然这名片广告使即将倒闭的翔宇量具公司起死回生，十几年后翔宇量具公司成为资产过亿的大产业集团。

欣然也许只是个普通的女孩，也没有什么神奇的能力，但是她对工作有着无限的激情，真正动了一番脑筋，在工作中寻找到了自己的快乐。我们要相信一点：成功就应该属于欣然这样的员工。

在工作中，如果能够投入自己的激情，不但能给公司带来可观的效益，也会让自己收获惊人的业绩。优秀的员工都是有能力、有事业心的，在事业中发挥自己的能力，实现自我抱负，从而使自己与公司融为一体，收到水涨船高的奇效。

个人的命运与公司的命运密不可分。我们应该把工作当成磨炼自己的意志，使自己获得成功的平台，热爱并奋斗于自己的事业，好风凭借力，送我上青云。如果每一位员工都充满激情地努力工作，公司发展得好，个人的才能才会有发展的空间，有这样强大的公司作为坚强的后盾，个人的发展才能有所保障。将工作当做自我实现的需要，公司则是我们施展才华的舞台。在舞台上我们都希望听到热烈的喝彩，因为当我们站上去的时候，舞台才是最灿烂的。我们在舞台上也同样需要这样的喝彩来证明自己的表演是精彩夺目，让人流连忘返的。而在这个舞台上我们最需要的是什么？激情与快乐！

6　做好手上的事情比跳槽更有价值

人最大的敌人就是自己，人最难战胜的敌人也往往是自己。我们经常给自己设定一些目标，然后找出种种理由不去实现。我们常常给自己许下一些诺言，然后又轻而易举地将它否定。在需要勇气时，我们变得怯弱；在面对抉择时，我们难以定夺。有的时候逃避问题、把问题推给上司，并不能解决问题。相反，还会给上司留下工作不负责任的印象。而我们想要成就自己的梦想和抱负，都必须从当前的工作做起，切实解决当前的问题。毕竟，所有的工作都是由大大小小的问题组成的，这就是工作的本质，如果你觉得做得不开心，不顺手就去跳槽，工作倒是换了一个又一个，可是现在的这份工作真比上一份工作好吗？你有没有问过自己："我手上的事儿，做好了吗？"

上中学的时候，老师曾经讲过这样一个故事：有三只猎狗追一只土拨鼠，土拨鼠钻进了一个树洞。这个树洞只有一个出口，可不一会儿，从树洞里钻出一只兔子，兔子飞快地向前奔跑，并爬上一颗大树。兔子在树上，仓皇中没站稳掉了下来，砸晕了三只正在仰头往树上看的猎狗。最后，兔子终于逃脱了。

故事讲完后，老师问："这个故事有什么问题吗？"

我们说："兔子不会爬树，一只兔子不可能同时砸晕三只猎狗。"

"还有吗？"老师继续问。

直到我们再也找不出问题了，老师才说："可是还有一个问题，你们都没有提到，土拨鼠哪里去了？"

在追求人生目标的过程中，我们有时也会被中途的细枝末节和一些毫无意义的琐事分散精力，扰乱视线，以至中途停顿下来，或是走上岔路而放弃了自己原先追求的目标。不要忘了时刻提醒自己：土拨鼠哪里去了？自己心目中的目标哪里去了？手上的事还没有做好，就去追寻其他的东西，就像是失去了目标的猎狗一样。

实际上，无论是工作也好，人生也好，成功者与失败者的分水岭就在于前者能够追寻一个目标，发现问题、解决问题，闯过难关，通向胜利，而后者就像鸵鸟一样，把头钻进沙子里，对问题视而不见，指望别人替自己把问题解决好，或者幻想问题自动消失。

一名优秀的员工应该懂得，频繁变换工作，不断地跳槽并不是解决问题的关键，做好手上的事情才是最重要的，不管你在哪家公司，从事什么样的工作，都应该活在当下，手上的事情还没能处理好，就想着寻找更高的目标，那么这就不得不让人怀疑你的能力。

可能你现在遇到了困难，要知道聪明的人面对问题想办法，愚蠢的人面对困难找借口，世界上没有解决不了的问题，只是看你有没有尽全力，如果你有能力，那么就把手上的事情做好，证明给世人看！

屡遭挫折，毫不气馁，坚强地挺住，这就是成功的秘密。正是这些挫折和磨难创造了人类的神话，实现了很多常人无法实现的“不可能”。

人生路漫漫，我们还很年轻，作为高素质的优秀员工，自己要有个完美的、高品质的人生。成功的路上虽有挫折，但是没有失败！所以，当你遭遇失败、垂头丧气的时候，请想一想，失败是对你能力的磨砺和考验，失败总是暂时的，只有经历了这一关，你才能开辟自己美好的人生，有个美好的未来。

李漫是一家超市的收银员。她在这行做了许多年了，顾客们都夸赞她：“看她收银，简直就是观赏一次高水平的表演！”她录入条码的速度之快，令人眼花缭乱，点钞时，那速度与准确性更是让人惊叹。

由于她的业务非常出色，引起了当地记者的注意，记者采访她的时候，她说："这些都是经验，就是所谓的熟能生巧。我也是在工作中悟出的道理，即使我不在这里做了，在其他的商场也是一样，只要我用心地想要做好这个工作，有了这个信心，就一定能做到。"

李漫的事迹让我们深有体会，不论你做什么，只要用心，就一定会做到最好。跳槽解决不了工作中存在的问题，因为同样的问题，可能在不同的企业中发生，所以，最好的办法是发现使这个问题产生的根源，从根源上下手解决问题，一切都可以迎刃而解。

不管领导在与不在，不管你的单位遇到什么样的挫折，你都愿意全力以赴，愿意帮助单位去创造财富、度过难关，这才是一个优秀员工的"健康"心态。

如果你认为是在为别人工作，必须靠别人的监管才肯努力工作，那你注定一辈子是个平庸者，而优秀的人心里总是这样想：**只要我在做，我就要全力以赴。**

7 永不满足，让自己的创造力变成源头活水

我们的应变能力、决断力、适应力以及协调能力，都将在工作中全部展现出来，除了工作以外，没有哪项活动会给我们提供这样充分展示自我、表达自我的机会。

那么，你对于自己现在的表现满意吗？什么样的成绩会让你觉得满足呢？一名优秀的员工对待工作，除了勤奋敬业，具有较强的业务能力之外，还要能够紧跟顾客需求。如果能够专注于自己的工作，觉得自己与之

密切相连时，就会在工作中表现得激情洋溢，对工作真正感兴趣，从中获得快乐，竭尽全力去把工作做好，充分发挥运用自己的才能，使之不断得以提高，同时达到较高的水准。此时，你的创造力将会成为源头活水。

某著名牙膏公司老总为了牙膏销售量能够快速增长，不惜重金悬赏，如有员工提交出销售量增长的具体方案，蒋会获得高达 10 万美元的奖金。

消息一经传出，业务部全体员工都在绞尽脑汁，在会议桌上提出各式各样的点子，诸如加强广告、更改包装、铺设更多销售网点，甚至于攻击对手等等，几乎到了无所不用的地步。接下来方案一个接着一个陆续提上来了，可是没有一个被采纳。

某天，一位刚刚进入公司的女秘书，在无意间提出了自己的看法。她在给老总倒茶时说："我想，每个人在清早赶着上班时，都会匆匆忙忙地挤出牙膏，而长度早已固定成为习惯。所以，我们可以将牙膏管的出口加大一点，大约比原口径多 40%，挤出来的牙膏重量就多了一倍。这样，原来每个月用一条牙膏的家庭，是不是可能会多用一条呢？这只是我个人的意见，也许，很多家庭中的上班族也会有这种想法，我们可以试一试。"

老总听了她的话，有了些思绪。虽然只是一个秘书，虽然只是不经意的一句话，却指出了一个改造产品、提高商品竞争力的商机。老总在心里给予这个秘书一个很高的评价，他采取了秘书的建议。

果然，没过多久，公司的销售量逐渐增长。老总在大会上表扬了秘书的创造性精神，并给她升了值加了薪。老总说："作为一名优秀的员工，要有勇于创新的精神，要不断地完善自己，发挥自己的潜力，并为公司和个人带来更大的效益。"

从平凡到优秀，从优秀到卓越，如果想要获取竞争优势，必须让自己保持敬业精神。敬业，就是敬重自己的工作，把工作作为自己的事情。

具体表现为：忠于职守、一丝不苟、善始善终、尽职尽心等职业道德，其中糅合了一种责任感和使命感。要热爱自己的工作，永不满足，要求自己再多做一点，比别人期待的更多一点。这样既能扩充能力和知识，也给自我的提升创造了更多的机会。

积极主动地工作，没有人要求你、强迫你。能自觉而出色地做好需要做的事情，因为任何努力都在为你自己的成长和进步积累经验。表面上是为公司工作，实质却是为自己工作。积极主动就是要付出比别人更多的智慧、热情、责任、想象力和创造力，创造性地完成工作。

不想事就干不成事，执行是企业员工的天职，创造性开展工作是主观能动性的发挥，是自身能力的体现，执行的效果是对其发挥主观能动性的检验。有创造性地开展工作，具有开拓精神，负有责任感，工作自然会出类拔萃。

创新能力是员工职业能力的核心。创新能力又是一种潜能，需要开发。创新能力通常由创新精神、创新思维、创新技法和创新技能等所构成。知识是创新能力的基础，没有渊博的知识和经验，就不可能产生创新思维，就不可能通过联想去发掘和创造新的事物，所以，丰富的知识是创新能力的必要条件，这就需要我们不断地学习、不断地进步。

有了丰富的知识才有条件去创造新的能力，但知识还仅仅是创新能力的必要条件，而不是创新能力的充分条件。世界上的发明创新者不全是学者、教授，但没有一定知识基础的人绝对搞不出发明、创造。创新能力固然需要知识、观察力、记忆力和理解力，但更需要的是创造力、思考力和意志力。

优秀的员工想要提高创新能力，应力戒“只想不动”、“只学不用”的惰性，树立积极的人生观、价值观，自觉努力地将其所学用于实践，在实践中增长创新能力。仅有创新思维、创新技法、创新技能，而缺乏胆识、活力、冒险精神与团队精神,也是难以开展创新活动的。只有员工具备了创新的个性品质,才有可能以过人的胆识和勇气去克服困难,进而创造性地学习和工作。

有了强烈的进取心,为自己制订最严格的标准,努力达到最高标准,把任务完成得比预期更好。一个优秀的员工,会把自己的才能全部展现在公司或企业之中。他们以此为荣,在其中找到了属于自己的那份快乐;他们永不满足于现状,不断地寻求新的目标。如果你是一个细心的员工,一定会发现,充分发挥自己的创造力,正是他们成功的源泉。

第二章　只问耕耘不问收获

人生之所以会有很多痛苦，是因为人们的希望常常会化为泡影，理想得不到实现，渴望得不到满足。如果能够始终保持一颗平常心，在工作中只问耕耘，不问收获，即便到最后没有得到任何回报也无怨无悔。如果你拥有了这样一种心态，世界上的任何困难都无法将你击倒！

1 问问自己能为公司创造多少价值

人们常常会有一个自私的想法,在自己没有得到任何利益的时候,要他去完成一件事或者是一个工作,他们都会问:“我会得到多少,我会有什么好处?”可是,换个角度想想,你会给别人或公司带来什么样的利益呢?

一个优秀的员工,会时时刻刻为公司着想。他们会想,自己能为公司做多少,会给公司创造多少效益。其实,在给公司带来效益的同时,也是给自己带来了好处。公司的效益提高了,自己的利益也会相应提高。

林锋是某国际集团的一名执行总裁,他的经历被人们称为“最快的职场晋升神话”。他从一个不知名的小职员做到如今鼎鼎大名的集团总裁,林锋的职场之路看似顺利得让人羡慕,但这其中却有着许多不为人知的辛酸。

他的成功是靠自己的双手打拼出来的。对于成功他深有体会,他说:“作为一名优秀员工,首先要明白自己能为公司创造什么价值,其次,是你是否为公司贡献了你的全部价值。要是明白了这两点,想要不成功都难。”

八年前的一个春天,林锋刚刚毕业,找了一份市场专员的工作,这是一份很普通的工作,月收入也不是很多。一个堂堂的大学生去做一个只有初、高中毕业生才做的工作,这对林锋来说好像残酷了点,但他却很重视这个机会,工作十分努力。

在做市场专员的时候,他比谁都卖力,他经常主动加班。虽然没有人要他这么做,可是他觉得要让自己学得更多,就要随时随地地给自己充电,好让自己具备为公司创造更大价值的能力,这样不但会给公司带来可观的效益,同时也使自己收获了很多,让自己从中得到更快的成长,获得更多的经验。

林锋是这么想的，同时也是这样去做的。一年后，他的业绩突飞猛进，在公司里的表现相当突出，林锋被提升为培训中心的校长。当时，把他提升为校长，在培训中心同事之间是有竞争的，但是他并没有把自己仅仅定位在一个培训中心的校长这个职位上。

在工作过程中，他毫无保留地将自己的成功经验拿了出来，和大家一起分享，还提出了自己的意见，把自己的想法毫无保留地讲给同事听。一次，他的上司需要一份升级报告，可是没有人来给他提建议，没有人帮他分析，自己又很难裁决，林锋却主动提出要帮忙，通过他的帮助，上司顺利地获得了提升的机会。

别人都说林锋吃亏了，说他好傻。明明是自己辛辛苦苦换来的经验，却白白地拱手送给了别人，是多么的不值呀，自己的努力被别人不劳而获了。但是，在他的帮助下，他的上司得到了提升，而他的上司一走，这个位置就自然空了出来。于是，林锋毫无悬念地被提升为培训中心的副总裁，再一次实现了职场飞跃。

坐在副总裁的位子上，林锋更加一丝不苟地认真工作。又经过了一年多的时间，某个国际大集团看中了他的才华，认为他是一个非常优秀的员工，经过深思熟虑，将他提升到集团公司，认为凭借他在IT培训领域的经验，绝对可以胜任执行总裁的职务。

他的努力换来了他人生中的又一个机会。几年的努力没有白费，他得到了相应的回报。是自己的认真，是自己的勇于负责，是自己的“健康”心态推动的结果。

又过了几年，林锋成为了某个国际集团的执行总裁，某一移动通信学院的CEO。他完成了从一个普通的小职员到国际集团上市公司的执行总裁的成功飞越，而完成这一系列职场跨越的时间，仅仅不到8年，在这个过程中，林锋的体会是：只有为公司创造了价值，公司才能给你提供更加远大的发展空间。

在你想得到更多的收入、更好的职位之前，是否先该问问自己，能为公司做些什么？你有没有全身心地投入到工作中去呢？

为了能够给公司带来更大的利益，我们应该更认真地投入到公司的业务当中，把压力变成挑战，以愉悦的心情接受工作，并以积极的态度融入到团队中。

勇于接受工作的挑战，不断在工作中享受快乐与成长。工作能够发挥你的才智，工作能够抒发你的激情，工作能够确定你的位置。可以说，快乐工作是优秀员工的职业态度，能感悟到工作着是快乐的，拥有一份好心情，最重要的是对自己所从事的工作感兴趣，并且喜欢它，乃至热爱它。不要让“干一行，爱一行”变成一句空话。

不管做任何事，都应将心态回归到零，抱着学习的态度，将每一次任务都视为一个新的开始，一段新的体验，一扇通往成功的机会之门。心不甘、情不愿地工作，于公于私都没有任何意义。要有使命感，高度地充实自我，好的工作质量是用生命的激情去做一件事，把工作当成享受，每一项工作都是重要的，每一项工作都是大有可为的。

于行是一个电子技术工人。他凭着多年的工作经验，对知识不断探索，技能水平、业务素质不断提高。他有着让人羡慕的成绩，可是他并不骄傲，也不保守，他十分欣赏的一句话是：一枝独秀不是春，百花齐放春满园！

于行为了让自己所学的知识在更大范围内发挥，近年来他在厂部和工会的帮助下，签约收徒，以身作则，严格要求，把自己毕生所学之精华全都毫无保留地传授于人。经他带过的徒弟迅速成长起来，成为生产、管理的骨干。他的学生越来越多。他的热情感染着每一位学生。

他先后获得技术创新成果和实用新型专利二十多项，创造经济效益超过亿元，成为了“职工创新明星”。他之所以保有今天的成绩，是因为他心里想的是自己能为公司做些什么，而不是公司到底能给他多少回报。

一个人的价值不在于他得到多少，而在于他创造了多少，要实现人生的价值就是要在工作中创造。一个人想要知道自己在公司的价值有多少，首先要知道自己为公司创造了多少，而公司的利益直接影响到员工，所以要我们共同努力，共同创造这个“大家庭”的利益。

2　善于制订工作计划，比盲目开始更加重要

一个人无论做什么，都应该制订详细的计划，这样会减少许多不必要的问题和偶然的事件带来的麻烦。一个人没有计划、没有预算地生活，就像一只无头的苍蝇，不知道哪里是终点，毫无头绪地乱撞。其实，工作更是如此，要有计划、有原则地进行。

工作之前，给自己制订一个工作计划，防止以后工作中会出现错误，不能说绝对地不会出现错误，至少会减少很多不必要的麻烦。因为有了计划，就会避免浪费时间，时间就是金钱，盲目的开始只会浪费时间和生命。

在早期美国犹太人就有按照事情的重要程度来编排工作的先后次序的习惯。艾滨路列夫先生就从他们那里学会了制订工作计划。

美国一家钢铁公司，如今一片繁忙景象。他们的总裁哈塞尔·格雷斯总是抱怨自己的时间太少，而工作量又大，总是做不完。因为第一次世界大战以前和大战期间欧洲国家扩大枪炮、弹药和海军舰船的订购量。他不懂得怎么样制订计划，花掉大部分时间应付细节和一些不重要的事，根本就没有时间去思考

更重要的事。没有办法,他只有向艾滨路列夫请教,有什么办法能够解决这个问题。

艾滨路列夫把一张白纸递给格雷斯,告诉他把明天要做的事项都记录下来,再一件一件地把重要的和次要的分类,找出重点按照表格做事,从第一件事做起,做完之后再做第二件事,依此类推。如果你没有按照时间表完成所有的事项,也不要担心,因为你在做比较的时候,已经先把重要的事项做完了。

格雷斯听了艾滨路列夫的话,并且采取了他的建议。采用了他的方法之后,觉得这个方法十分奏效。他还大力向经理推荐,在全公司的内部形成了一个按照时间表开展工作的高效率的习惯。

格雷斯认为该付给艾滨路列夫一些酬劳,于是问他:"我该付给你多少钱?"艾滨路列夫却说:"你认为我所提出的构思值多少钱,那么就付给我多少钱吧。"于是格雷斯把一张面额25000美元的支票寄给艾滨路列夫作为顾问费。

就这样一张白纸能够换来这么丰厚的一笔收入!后来,这家钢铁公司靠着它,在全美国各地兼并了大量的铁矿、煤矿和钢铁厂,掌握了大量的重要资源,并且迅速地实现了扩张,获得了丰厚的利益。当然,格雷斯总裁也成为了在这个世界上的第一个拥有百万元薪酬级的上市公司的首脑人物。

凡事有了计划,就不会走弯路,还会节省更多的时间和金钱。

要提升自身的行动力,首先要有良好的计划能力,这是提高执行力的有效保障;其次是具备一定的内在素质,还要掌握一定的科学工作方法和管理工具,运用独特的思维方式去看待问题和解决问题,在解决问题时能够找到不同的应用范围、不同的方式、不僵化的应变能力。

善用变通力能够点石成金,化腐朽为神奇。变通能力犹如仙女手中的魔杖,具有无穷的魔力,它是成功的魔法石,也是具有创造力的重要表现。凡事都要有悟性，瞬间的顿悟可以快速地产生完美的创新，我们不能放过任何一种创意的感觉，它是获得成功的明智之举。

不管怎么样，我们首先要选择好自己的目标。切实可行，这是首先必须具备的重要原则，不要制订那些不太现实或者纯粹空想的目标。

其次就是要分解大目标，确定小目标，把你的大目标或总目标分解成若干个小目标，然后一个一个地去实现这些小目标。

一位成功者说过这样一句耐人寻味的话："你必须为自己建立能够达到的实际目标。当你达到了这些目标，就把目标再提升一点，并再努力达到。如果你仅仅建立长期目标，而没有建立相应的中短期目标，则长期目标就会变得遥遥无期，甚至难以达到。高素质员工一定要做到：量化目标，细化行动，合理用时，高效工作。"

给自己一个工作计划，让自己有步骤地进行工作，比盲目的开始重要得多。一些员工在开始工作时只想着快点完成手上的任务，而没有想到更多，当然这里多指刚刚开始工作的新员工。因为刚刚接受新事物，还没有适应能力，没有找到方法，你可以试试给自己每天制订一个小小的计划表格，这样会给自己减少许多麻烦，避免浪费更多的时间。

给自己制订计划表其实很简单，把一天内要做的事，不论大事小事，统统归纳在一起，再逐一地分类。将最重要的事件放在首位，这样既节省了时间，又不会让自己因为事情比较多而弄得焦头烂额。

几年前，小妮是一个刚刚毕业的大学生，她学的是企业管理。在一家大型企业招聘时，她被聘用了。一个新的开始，又是一个陌生的环境，小妮感到压力很大。第一天的工作就是在盲目中进行的。其实在管理学中她学过怎么样规划、怎么样分类工作，由于紧张的原因，分不清什么是什么了。她整理了一晚自己的思绪，第二天，就带着满满的自信上班了。

经理给了她一个文件，让她搞定，同时又分给了她很多任务。由于是新人，什么都要从头开始，她很急于求成，所以一下子乱了分寸，昨晚的准备全都用不上了，最后功亏一篑。

其实，这是历届以来公司对第一新人的一次考试。经理耐心地给她讲解，教她要怎样做才会不慌不乱。这时她终于明白自己的错误出在哪里。

她按照经理的办法，给自己制订了一份只属于自己的工作计划。从此以后，她虚心学习，在公司里取得了非常好的业绩，她的职位也在不断地高升，如今她也是这家公司的企划部经理了。她的经验之谈是：做事要有计划，要在稳中求胜，不能盲目地进行。

在一个大的企业或大公司里工作，如果不能有计划地进行，会给自己和公司带来许多不必要的麻烦，浪费许多能源和时间，而一份看似简单的计划，却会让你少走许多弯路。

3 做一个让老板放心的员工

在一家公司里，老板不可能凡事都亲历亲为，更不可能目不转睛地盯着员工去解决那些问题。他只可能告诉我们去解决什么问题，重要的问题应该解决到什么程度。有时他甚至不知道这个问题具体应该如何解决，他只关心问题是否已经解决。

而你是一个让老板放心的好员工吗？他交办的事情你都能顺利地完成吗？如果没有，那么下次他还会把重要的事情放心地交给你去做吗？

在不少企业里，老板不得不亲历亲为，去做下属做不好的事情，甚至还要给下属收拾烂摊子。一个让人放心的好员工，是不会把一个烂摊子扔给老板的，他们会处处为公司着想，替老板分忧，在老板交代任务后，就会有计划地去完成任务，处处以公司的利益为重，把公司的事情看成是自己的事业。

明蕊，现今最大的空调企业的总经理，她是家电行业的风云人物，也是矗立在风口浪尖上的商海女性。

十几年前，明蕊还是一个普通基层销售人员，现在的她已经是一位市场营销行业里的顶尖高手。在她的领导下公司的电器销量、销售收入和市场占有率连续几年居全国同行业的首位，为国家纳税也是额度最高的一个。这期间，她独创的区域销售公司模式被经济界和理论界誉为“21世纪经济领域的全新革命”。

从进公司的第一天开始，她就把自己当成了公司的主人，她告诉自己一定要把公司的每件事都当成自己的事去认真对待。刚到公司的时候，她被派出去做销售员，第一次，她遇到了难题，她所面临的是一笔数额巨大的欠款。这是前任销售人员留下来的，其实她大可不必去理会这笔欠款，去做应该属于自己的工作，但是她还是决定想办法把欠款要回来，因为她觉得，作为公司的一员这是她的责任和义务，要为公司的利益着想。

要想要回欠款可不是一件容易的事，这是一件苦差事。但是她的性格就是敢于向困难挑战。只要是她认准的事情，没有人能阻止她。

要回欠款的过程是非常困难的，经过了40多天的努力，她终于完成了自己给自己规定的任务。正是因为她经历过这种艰难，她下定决心，在以后的工作中要避免这类事情的发生。于是，她有了一种新的想法，用“现金交易”的方式来做销售。虽然这样做的难度很高，很难实施，但她认为方法是掌握在人的手中的，只要努力就可以实现。因为，现金销售比起催讨欠款，容易得多。接下来，她积极主动地转变销售方法，把以前以“卖方”为主导的做法，转换为以“买方”为主导的做法，实践证明，她的做法是正确的，由于减少了欠款的环节，使企业的资金周转速度大大地提高了。

分析上面的故事，我们可以看到，明蕊作为普通员工，催讨公司过去的欠款并不是她的职责范围之内的事，因为她不是老板。

但是，如果从一名优秀职工严格要求自己的角度来看，她这样做是完全正确的，因为所有的优秀职工，都会把老板的公司的业务当成自己的事业，她用自己的努力和真诚，换来了客户、老板对她的信任。

作为一名优秀员工，要学会淡定、从容，控制情绪，力争多做一点，多想一点，认真一点，保持每天进步一点点。优秀是一种习惯，注重细节是一种修养！所以我们要学会把握细节，持之以恒，努力做一个优雅、坦诚、创造价值的人。

在老板眼里，没有任何一件事情能够比一个员工处理和解决问题，更能表现出他的责任感、主动性和独当一面的能力了。一个经常为老板解决问题的人，老板肯定会很器重他，给予他更多回报。因为，他没有让问题延误，酿成大患；更为重要的是，他让老板省心省力，使得老板能够把精力集中到更大的问题上，减少了很多后顾之忧。

假如面对问题，总是不能妥善解决，那么问题就会成为工作的负担，公司给了你职位，同时也给了你这个职位相应的权力，目的是为了让你完成与这个职位相应的工作，而不是让你在这个职位上无所事事。

想要被老板重用，就必须想办法得到老板的信任。这就需要我们能够化问题为刺激，化问题为发现更高境界的推动力，面对任何问题都能够冷静地处理并妥善地解决。要善于动脑子分析问题并能妥善解决问题。

公司老板和员工是利益共同体，公司的发展离不开员工的努力，员工的发展离不开公司提供的舞台。要用积极的心态产生积极的行动，只有积极的行动才能带来良好的业绩。

优秀的员工要有吃苦耐劳、顽强拼搏的精神，我们的发展与公司的发展是休戚相关的。从进入公司的第一天起，就把自己当做公司的合作伙伴。一名优秀的员工，在工作中，不会强调分内分外，分内的工作是你应该完成也是必须完成的；而分外的工作则是你在时间允许且完成了自己的本职工作的前提下，能够尽量去多完成的事情。

我们要有事业心，在公司发挥自己的能力，实现自己的抱负，使自己与公司融为一体，这样才更有力量与公司共同成长将公司发展起来。只有得到了公司的重用，得到了老板的认可，我们才有更大的发展空间，也才有更多的可能去发挥自己的才干。

4　踏实工作，从每个细节开始

职场新人进入公司以后，每一项任务都需要用心去做好。有的时候会因为一个小小的细节，而丧失了重要的东西。要给自己立下一个规定，不要让这样的事件发生，给自己带来不必要的麻烦。

工作需要我们加倍细心，就像电器工人修理电路那样，要仔细地探索研究，精密地检查核对，避免事故的发生。

有人说："态度决定一切，细节决定成败！"只有注重细节才能提高工作效率。细节就是用心地把事情做到极致。成功者就是善于发现被常人忽视的细节，把每一件小事做到完美。我的工作中面对的大都是小事，都是由一些细节组成的，要想把细节做好，必须具备高度的敬业精神、良好的态度，认真对待工作。将小事做细，才能改进和创新，才能不断地提高工作效率。

老子曾说过："天下难事，必做于易；天下大事，必做于细。"想要做好工作，就从细微入手，注重细节，从简单的事情做起，认真做好每一件小事，成功就会不请自来，你就将收获意想不到的惊喜。

在工作中，注重细节无疑是提升效率的有效途径。工作中避免不了有一些细节需要考虑，只有踏踏实实地工作，才能把细节问题考虑周全。如何能在工作中提高效率，减少失误，是一个值得思考的问题。

海尔集团的总裁说过："创新不等于高新，创新存在于企业的每一个细节。”端正态度，关注细节，坚持进步，在细节中不断地提升效率。在工作中注重细节，苦干实干，才能精益求精，创出精品，这是我们作为一名优秀员工的工作准则和人生追求。

美国一家著名石油公司的董事长凯基尼，他在很小的时候就在外做工。他从小做事就很细心，那时他还是一个小小的职员，他特别注意对待小事的态度，慢慢地积累了很多经验，这些经验在他以后的发展中，起到了巨大的作用。

凯基尼做了个小职员，每当他出差住旅馆时，他总会在自己的签名下面，附带着写上“每桶4美元的标准石油”字样。在平时，只要他写书信及收据时就会随带写上这样的字，只要让他签名，他就不会忘记写上那几个字。一些同事嘲笑他，感觉他很莫名其妙。可是他不以为然，仍然继续自己的习惯，后来别人也就不感到奇怪了，同事们还给他起了个绰号，叫“每桶4美元”。大家都这么叫他，时间长了同事们都不叫他的真名字了，可是他还是照样坚持，没有任何人可以改变他的恒心。

有一天，董事长马可知道了这件事，他非常高兴地说：“竟然有职员如此努力宣扬公司的声誉，我一定要见见他。”于是他特意邀请凯基尼共进晚餐。马可问他，“你怎么会想到用这个方法的？”

凯基尼却说，“我是这个公司的一员，我有责任和义务替公司宣传，只有公司发展了，大家才会受益。”他的一番话深深打动了马可。后来，马可提前卸任了，他任命凯基尼为继任董事长。

有些人虽然肯努力、肯牺牲，但是由于细节没有把握透彻，做事大费周张，最终也不能实现自己的理想。

一家公司正在高薪招聘业务人员。来面试的人很多，其中有一位条件最适合，是名牌大学毕业，有着3年的工作经验。所以，只有他在面对考试人员的时候最有自信。领导很想试试他的能力，于是问他：“你原来是在公司做什么工作的？”他回答：“做花椒贸易的。”

“以前花椒的销路非常好，可是最近几年国外客商却不要了，你知道为什么吗？”

他的回答是，“因为质量不好。”

领导又问：“那你知道为什么不好吗？”年轻人想了想，说：“一定是农民在采集花椒的时候不够细心！”

领导看了看他，说：“你错了。因为采集花椒的最佳时期就只有一个月。早了不成熟，晚了就爆裂了，花椒采好后，要在太阳下暴晒一整天，如果晒不好，就不能称之为上品了。近几年来，许多农民图省事，把采集好的花椒放在热炕上烘干，这样烘出来的花椒虽然从颜色上看起来和晒过的花椒差不多，但是味道就相差很远了。”

“一个优秀的业务员工，最重要的就是要重视工作中的各个细节”，在我们的工作中，凡成大事者都必须从小事做起，注重每一个细节问题。细节就像“一粒石”、“一滴水”，把细节做好做透，日积月累。只有注重工作细节的员工，才能深刻体会到细节决定自身成败的真正含义。

5 在工作中激发自己的潜能

激发个人潜能的源泉就是自信！它是对自己的高度肯定，是走向成功的奠基石，它是发自内心的强烈信念。要把自己视为最有价值的人，在心里把自己的价值确定在“没有人能够取代你”这种自尊自重的位置上，自信不是与生俱来的，而是经过后天的努力学来的，可以说自信是毅力的发挥，是能力的表现，更是激发潜能的催化剂。

自信在人生旅途中有着很大的影响，它会影响你能力的发展，影响你的工作与事业的发展。自信是决定你是否取得成就的重要指标,它关系到员工潜能的激发,工作表现的积极,公司业绩的提高。

无论你是做什么职业,只要在工作中锻炼自己的能力,使自己各方面素质不断提高,升职加薪的好事才会落到你的头上。要学着认真工作,因为认真工作是提高自己能力的最佳方法。一个名人曾说过:一个人要想有所成就,最明智的办法就是选择一件即使报酬不多也愿意做下去的工作。暂时的放弃,是因为了未来更好的获得,你工作的同时就是在为自己的未来而工作。

一名优秀的员工应该懂得如何去发挥自己最大的潜能,要勤奋工作,不要浪费时间,更不要寻找借口。当你视工作为一种乐趣,视工作为一种义务,那样必然能开动你的大脑,挖掘到更多的潜能。如果把目光停留在工作本身,把它当做一件差事,那么,即使是你最喜欢的工作,你依然无法长久地保持对它的热情。如果把工作当成事业来看待,情况就会完全不同。要认真地用生命去工作,要对工作负责,勇于承担责任,要勇于挑战“不可能”的任务,在积极中平凡,就是积累卓越。

想要激发出自己的潜能,就要懂得激励自己。激励就是要通过意识去做一些事,从而引发出自己内心的渴望和养成积极思考的习惯,积极地影响自己的行为和潜意识。自我激励可以使我们认真地思考问题,努力地提高工作效率,从而乐观地看待人生。

利用自我激励法来激发我们的潜能,才能使我们发挥出自己的长处。“尺有所短,寸有所长。”只有发挥了我们的长处才会拥有更好的创新。这就要求我们更多地积累经验,多学习,有了足够的知识才能有所创新。

有意培养创新思维,是创新能力的支柱,要提高创新能力,必须认真培养创新思维,它是人类在探索未来领域和在开展创新活动过程中,充分发挥已知领域的能动作用,不断以新奇方式和多维角度的思维转化来寻求获得新成果的思维活动。培养创新思维,就要对多种思维方法有意识地进行练习。要有正确的思想理念和行为准则,要有积极性和自觉性地工作。

李文同在一家钢铁厂工作。他只是个普通的电工,对于新的机械他不是很了解。那些数不清的机械线路、复杂的电气自动化设备,使他感到自己专业理论知识的欠缺。使这个从不服输的青年深刻体会到加强学习的重要,他暗暗地对自己说:"我虽然没有上过大学,但我不会气馁,我可以自学,在本职岗位上做一名最好的工人!"

当他坚定了这个信念之后,就开始虚心向老师傅、技术人员请教,每一次大线路改造,他都会详细地记录其中的操作过程,还有用小纸条随时记录下工作操作时的心得体会,工作之余,他就拿着书本认真学习钻研,先后自学了十几本和工作有关的书籍。终于,"功夫不负有心人",经过勤学苦练,李文同的专业技术水平迅速提高,并在实际工作中大显身手。一次,70吨干熄焦循环风机变频器突然发生故障,严重影响了生产,经生产厂家多次维修均未修好,他却毫不犹豫地接下了这个重任。凭着自己所学的知识,他带领攻关小组经过十多天的艰苦奋战,终于将这个设备修好,让工厂恢复了正常的生产。

在生产中遇到了问题,有的人可能会想办法绕过去。可是李文同却不这样,凡事都要探个究竟,要在一万个办法里面找出一个最佳的解决方案。

李文同常说:"作为一名技术工人,操作着现代化的设备,不仅要有丰富的专业知识和高超的技术技能,更要勇担责任,勇于创新!每一道生产难题的背后,都隐藏着一个创新的金点子。"这绝不是空谈,他是这样说也是这样做的。不管是什么样的难题和工作,他都义不容辞,会想尽一切办法去完成。

在工作上他还大胆创新。新设备投用后电机在线烧损率较大，他就反复试验，发明了“电机劣化管理法”和“电机接线盒密封法”，即用聚氨酯泡沫材料对电机接线盒进行密封，大大降低了生产运行成本。他还研制成功了数字式自动放焦装置，大大减轻了工人的劳动强度，延长了皮带等设备的使用寿命，同时还大大改善了操作环境，实现了安全生产，他的这项发明创新在国内实属首创。

这几十年来，李文同凭着永不满足、勇于创新的精神，攻坚克难，克服一个个困难，解决一个个难题，取得了骄人的成绩。创造是前途的铺路石，创新创造了新颖的思路，也创出了美好的前途。

恩格斯曾经说过：当技术浪潮在四周汹涌澎湃的时候，最需要的是更新、更勇敢的头脑。一个人独特的有见解的思维，是改组原有知识、经验而建构新知识体系的思维，这样的思维能力每个人都有，最重要的是你要怎么样去挖掘它，让它最大限度地发挥作用。

6 打破思维定式，成为创新型人才

要敢于打破思维的定式，开发创新的点子，让自己与众不同，才能在工作之中立于不败之地。人人都有着无穷的潜力，想要引导这种潜力向着我们所需要的方向发展，这就要依靠超前意识。每一位成功者都具有超前的思维，想别人所不敢想。他们从不盲目跟在别人的后面，而是能够运用巧妙思维和创新思维，让自己在职场变得不可替代！

哈里是做电脑编程的程序员，他的工作枯燥，也很困难，因为编制电脑程序只能每天都和一些数字打交道。有一天他有了一个大胆的想法，以前只能用数字和二进制码来编写，他怀疑为什么代码必须是数字，他想用一种完全不同的方案来代替。

同事们听说了他的想法，都觉得他是疯了，认为肯定是行不通的。可是他不甘心，他觉得，想要做出成绩，就必须有创新，有新的思路，要敢于去尝试。不管同事们怎么说他还是坚持着自己的观点。经过坚持不懈的努力，他最终发明了计算机编程语言 COBOL，终于把那些枯燥无数行的数字变成了现在的英语单词，这个惊人的突破让他成为了“计算机科学”第一人。

勇于创新、大胆超前的尝试，使哈里有所成就。作为一名优秀员工，应该学习他的超前思维、超前意识，充分激发自己的内在潜力，这样才能在工作中取得优异的成绩，成为一个不可替代的人。

艾瑞在一家公司的销售部工作，一干就是十几年，一次，他遇到了一个部门经理，这个经理人很好，对他很是照顾，就对他说：“再做 5 年，5 年后你就不应该还是一个销售代表了，你的努力我看在了眼里，你很认真地对待每一份工作。再努力几年，你应该找一个可以担负更多责任的职务了。我坚信，你能做好，一定可以！”

艾瑞很高兴，他没有想到，他的所做都被经理看在了眼里。他说：“太棒了。那我还要怎样做才能走到那一步呢？我应该怎么做才会有资格去争取一份能担负更大责任的职位呢？”

经理笑了笑，回答道：“你现在的工作态度非常好，要坚持不懈地继续努力，把你手上的工作做到尽善尽美，要学会利用自己做的事情，取得他人的认可。换句话来说，你要用尽你的思维，开发头脑来钻研你的业务，努力学习更多的知识，去多搜集一些有关的资料，使自己变得学识渊博，要不断地培养自己的能力，提高自己的技术。我建议你为自己设定一个目标，准确地说，就是要规划出你想要做的事情，然后着手进行实质性的工作。”

艾瑞按照经理的说法，开始了他的初步计划。他对工作比以往更加认真、更加慎重，每一个小细节他都会仔细地研究推敲，直到认为没有丝毫的误差他才放心。他从不给自己任何一次懈怠的机会，他说：“只有了解工作的本质，拥有奋斗的目标，严格谨慎地工作，才能找到属于自己的成功之路！”

很多实例证明，做好自己本职工作的人，都是把自己的职业当成事业来对待。他们认为自己所从事的工作，不仅仅是养家糊口的工具，而是把它当成使命，用心地关心公司的发展，让自己成为一个优秀的员工。

由于家庭条件很差，吴江在十岁就辍学了，在家附近做些零工。吴江并不气馁，他坚信只要真心地对待工作，把它当做自己的事业来做，学好本事，就一定会有出头之日的。

吴江被一个建筑工地招去做工人，他从来没有去过工地，这个工作对他来说，是一个全新的领域。但他坚定信心，将这份工作视为一项伟大的事业。他相信只要肯于努力一定能够成功。当别人抱怨工作如何辛苦、薪水如何低的时候，吴江却一直默默地工作着。

他在业余时间自学建筑知识，不断充实自己，从不浪费时间。一天晚上，大家都在闲聊，只有他坐在角落里看书。刚巧，公司的经理来工地检查工作，看到他在看书，没有说什么，走到他身边，好奇地翻开了他的笔记本，问道：“你这么辛苦地工作，晚上怎么还有心思读书呢？而且还是一些和现在的工作不相关的书。”原来，吴江正在看的是有关企业管理方面的书。

吴江说：“公司里不缺能干活儿的人，但是缺少既有工作经验又有专业知识的技术人员和管理人员，我看这些书，也是希望能朝着管理人员的方向努力，我把这份工作当成自己的事业，当然希望自己越做越好。”

经理听了非常高兴，他没有想到，在这个毫不起眼的工地上，还有这么一个肯为工作而努力学习的员工。

没过多久，吴江就被提升为技师。从此之后，他的工作更加努力，他凭着这种信念，一步步地干到了总工程师的职位。35岁那年，他又被提升为总经理。从一个普通的工人做到今天，对他来说是多么的不容易，可是他依然没有放松对自己的要求。

当时，在这个公司里有一个工程师兼合伙人——浩瀚，他在一次合作时认识了吴江，浩瀚对吴江的工作热情和管理才能很欣赏，当时，吴江已经是总经理了，可他每天都是第一个来到工地，细心地检查工地上的每一个地方，发现安全隐患并及时解决。

有一次，浩瀚因为检查工作，提前来到工地，却发现吴江比他来得更早，他问吴江，“为什么要来这么早？”

吴江回答说：“只有这样，才能及早发现问题及时挽救，出现了问题也不至于被耽搁。”吴江的工作态度赢得了浩瀚的好感，浩瀚向董事会推荐了吴江，让他作为自己的副手，在更大的范围里发挥他的才能和干劲。

工作能力与学历是不成比例的，只要工作努力，把自己的工作当成自己的事业，然后，一往无前地向着自己的人生目标不断前进，这样的员工在任何地方都不会被埋没，总有一天，他会从平庸的环境里破茧而出，在更大的舞台上展示自己的风采。

7　找对位置比空怀幻想更重要

中国有一句谚语：“人心不足蛇吞象。”

人往往都是不知足的,不管在工作中有着怎样高的职衔,他都觉得我的职衔不是最好的,别人的位置永远都比自己的强,别人得到的利益永远比自己的多。其实,这是人类的贪婪之心所致。如果一个人不懂得知足,不知道什么是感恩,是不可能取得最后的成功的。当你拥有着一份遂心的工作,有着丰厚的收入,你应该感激公司,给自己一个发挥才能的机会。

优秀的员工在企业里,一定会认清自己所处的岗位,他们会努力地完成任务,尽可能地发挥自己的才能,稳定自己的职业。让自己在公司占有一席之地,而不是整天做白日梦。

作为一名员工最基本的道德操守就是要认清责任,脚踏实地,为自己的岗位负责。对岗位负责是一种可贵的职业精神,在职场中,对岗位负责同时也意味着对自己的未来负责。

进入了公司,不管你的学历怎么样,你的经验有多少,都要依靠你在岗位上取得的成绩来证明你的能力,证明自己的价值,所以说,人生的一切,都掌握在自己手中。

一个初到美国的朋友,发现美国的大学生每次上课前总要先拿一张硬纸,再用颜色鲜艳的笔在其上面郑重其事地写上自己的名字,然后对折一下,让这张硬纸站立在桌面显眼的位置上。他对此疑惑不解,就问坐在旁边的美国学生。美国学生告诉他,给他们讲课的教授一般都是知识渊博、地位很高的社会名流,而这对他们来说就意味着机会——因为在讲课时,教授会不时地叫学生回答问题。让写有自己名字的硬纸站立在桌面显眼位置,这就意味着自己将会有多次被教授提问、同时也是一次展示自己才华的机会,有可能在毕业时被教授推荐到著名公司当职员。

后来,这样的事情他也亲眼目睹过,一些优秀的学生的确被教授记住了名字。最后被教授推荐进入很多世界一流公司,得到了很好的职位。

这个故事中,那些被教授推荐的学生是幸运的,而这幸运是因为他们能够在课堂上充分展示自己的才华,赢得了自己的位置。

在工作中,找到自己的位置和摆正自己的位置,两个问题同样重要,在日常工作中,我们常常看到这样一种现象:由于员工没有摆正自己的位置,惹得顶头上司很不高兴,对此耿耿于怀。所以,每个人都要学会摆正自己的位置,在自己的岗位上做好自己的工作,切忌不知深浅,任性胡来,触犯老板的尊严,使公司利益受损。

第三章　态度决定命运

常言说“态度决定命运”，一个人的心态决定了他的事业所能达到的高度。人有什么样的心态就有什么样的命运，我们怎样对待工作，工作就会怎样回馈我们……

1 主动工作是取得成功的起点

工作中的积极主动，是我们走向成功的起点，也是积极向上的动力。要想积极地工作，就要找到能够激发我们能量的源头。人若是没有了积极性，就没有了动力，也就丧失了斗志。

所谓的积极性，其实就是对工作热忱。当工作变成一种常态，热忱耗损得差不多了的时候，职业的枯竭很可能成为困扰我们前行的瓶颈。

为了避免职业枯竭给我们带来的不利，我们需要做一个切实的生涯规划，可以把个人方向和目标与公司的发展相配合，拟出目标和计划之后，再细化每天的工作进度，防止自己在工作中迷失方向。反之，如果在工作中坚持本位主义，缺乏主动进取精神，那么你不但会被同事排挤，还会给老板留下不良好的印象。

王茜，是刚刚从美国读完人力资源的研究生，她有着远大的志向，要积累经验开创一个属于自己的事业，于是到北京一家大型文化公司应聘。由于她的条件优越，被公司聘用了。由于她的海外留学背景，刚开始的时候，老板和同事都对她寄予了很高的期望，希望她能处理好公司人事重组之后留下的一些遗留问题。

经过一段时间的工作，大家都认为王茜很有能力，但是，因为一件小事，让大家对她的工作态度大失所望。当时，公司中某个团队正在研究一套新的培训计划，因为时间紧、任务重，即使每个人都加班，也不能按时完成任务。于是，这个团队的负责人找到了王茜所在的部门，希望人力资源部门派出一些人手，协助他们处理一些登记报名之类的琐事。

人力资源部的同事们二话没说，马上投入了工作，只有王茜对此事漠不关心。等到同事向她求助时，她却说，这事跟我没关系，我没有时间过来帮忙。

同事很生气，责问她："抬头不见低头见，大家都在忙，怎么就你没有时间呀？大家都是一个公司的，你就没有想过，以后有事也可能来找我们帮忙吗？"

王茜轻蔑地笑了笑说："以我的能力，根本不可能有自己不能完成的事，我求别人帮忙？真是笑话！你们让我做的事都是一些琐事，以我的身份，根本不可能给你们打杂！"

这个事情过后，大家都对王茜很反感，但是，谁也没有说什么，但老板却把这件事一直放在了心上。

从此之后，老板一直暗中观察她，他发现王茜在工作中有很多毛病：她只接受上级直接分配给她的工作，而对于那些必须与其他部门相互协调才能完成的工作根本不闻不问。她的工作态度严重影响了各个部门之间的密切配合，从此之后，老板对她不再信任，到年底的时候，老板找了个理由，把这个优秀的海归人才给辞退了。

自私的心理每个人都会有，但是，如果想要在工作中有所作为，就不要让这种"小心眼"障碍了自己的发展前途。如果能站在别人的角度，积极地看待问题，就会是另一番景象。

积极的心态是成功的起点，它可以激发出每个人潜在的能量，把那些原以为不可能做成的事情做好。具有积极心态的人，他们的思维是非常活跃的，他们的心理是非常健康的，他们的人际关系也是安全和谐的。

用积极的心态去工作，你会从中看到希望；用消极的心态去工作，只能让你看见失望。一个拥有积极心态的人，时时保持着必胜的信念，他们乐于助人、充满自信，具有高度的责任感和无私的奉献精神。

拥有积极心态的人习惯主动工作，所谓"主动工作"，就是在没有任何督促的情况下，仍然能够出色地完成任务，这就是主动工作的最高层次。

而被动的工作则是推一下，动一下，没有人督导就不会继续工作，更有甚者，只有当形势所迫时，才不得不开始应付工作，这样的人是不会在职场中获得成功的。

某单位，一位即将退休的老领导吩咐一个年轻的下属去完成一个工作，其实这个工作并不难。但是，这个年轻人听了领导的安排之后，应了一声却没有动，还是坐在那里翻报纸。

又过了一会儿，领导看他没有动，又提醒他："快去吧，把这个事处理完了再看报吧！"

年轻人只是"嗯"了一声，还是没有理会。又过了一会儿，老领导实在按捺不住了，又催促他快点去，这一次，年轻人却不耐烦了，他说："忙什么呀，我会去做的。"

老领导摇摇头，无可奈何地走了。

第二天，那个年轻人没有来上班。因为，昨天下午，人力资源部给他一个电话，告诉他已经被公司辞退，明天不必来上班了。

一名优秀的员工，最不可缺少的就是主动工作的精神，如果缺少了这种精神，就等于缺少了最基本的品质和积极进取的动力。

在工作中，只要我们主动一点，就会发现自己的工作实际上是大有可为的，只要珍惜现有的工作岗位，在主动工作中不断提高自己的能力，我们的愿望迟早会得到实现。

对于那些渴望主动完成工作的人来说，每一次工作任务都是一个新的起点，每一天的太阳都是新的。

2 精益求精的态度是走向成功的保障

在竞争激烈的社会里，想要获得美好的未来，就必须努力追求，实现卓越，而追求卓越的关键在于做任何事情都要精益求精。

在现实生活这个大舞台中，每个人都扮演着属于自己的角色，如果想要取得成功，就不能只是以完成任务为目标，在实现了完成任务的初级目标之后，还要把事情处理得更臻完美，不给自己留下任何遗憾。

把一件简单的事情做好很容易，但是要把每一件简单的事情做好就是不简单，把每一件平凡的事情做好就是不平凡。要持之以恒，对待每一件事情都要注重细节、精益求精。

王振在一家外企做部门经理，一次，有几个外贸专业毕业生来公司实习，都是刚刚毕业的学生，还没有什么社会经验，王振也没有留意他们的工作。

有一天，他偶然发现有个叫赵阳的小伙子对什么事情都很细心，王振对他有了好感，暗暗地考察着他。在实习结束的时候，王振向总经理请示，想把赵阳留下来。

总经理问他："为什么偏偏留下赵阳？"

王振就把赵阳在这段时间里的工作表现说了出来。

在他们刚来公司的时候，王振把赵阳介绍给老陈，让老陈负责带这个徒弟。老陈是公司的老业务员，同事们都习惯地叫他"老陈"，而小赵一直很尊敬地称他"陈老师"。

除了对人彬彬有礼之外，赵阳每天来公司以后，都是主动地找事做，跟着老陈跑业务，在炎热的夏天去挤公交车，热得浑身是汗却毫无怨言。

每次公司里来了客户，他都主动招呼客人，端茶送水，善于观察客户的需要，细心体会别人的感受并且乐于助人。

王振还发现，赵阳有好几次跟在老陈的身边，揣摩他与客户交谈的过程，并且细心地记了笔记。他还帮助老陈记录了一些数据，对老陈的业务谈判起到了很大的帮助作用，所以，王振决定把他留下来。

听了王振的介绍，总经理也连连点头，最后，赵阳成了这批实习生中第一个找到工作的人。

一位管理界的名人说过：现在的竞争，就是细节的竞争。从小事做起，把小事做精！

马丽是一名报社的记者，工作了很多年，她知道事先准备工作的重要性。在她刚做记者的时候，报社要她去采访一位总裁，这是一个紧急而又艰巨的任务。当她得知这位总裁在第二天就要去外地的消息，她很急切地查找资料，了解了他的背景和成功的经历，马丽用了一整晚的时间做好了充分的准备。

第二天，马丽就直接来找这位总裁，可是秘书却告诉她，总裁要赶飞机，没有时间接受采访。可是马丽并没有放弃。她直接找到总裁，对他说："我不会占用您太多时间，给我20分钟，我能否在车上对您进行采访？"

因为她的态度太诚恳了，这位总裁想了想，只好同意了。从公司到机场，这段路需要30分钟的车程，正好可以把这段时间留给她。

一路上，马丽和总裁谈得很愉快，由于马丽的准备工作做得非常充分，所以她提的问题都相当关键。总裁到达机场以后，夸奖了马丽的工作态度。这次采访不仅让马丽完成了任务，同时也让马丽从中受到了启发，从此，她每天都在睡前整理出第二天要做的事，这个习惯她一直保持了二十多年。现在的她，已经是大名鼎鼎的记者明星了，就是因为这个良好的习惯，让她荣获了无数荣誉，得到了很多重量级人物的首肯。

要做最好的员工，就要坚持不懈地做好工作中的每一个细节，在平凡的工作中做出不平凡的业绩，为事业打下坚实的基础，累积成功的资本，使自己的工作更上一层楼。

在工作中，不仅要精益求精，更要不断创新，把工作真正地做"细"，每一个成功也都是由许多成功的细节积累而成的。在工作中，注意细节的员工，会深刻体会到“细节决定成败”的真正含义。

“泰山不拒细壤，故能成其高；江海不择细流，故能成其深。”凡成大事者，都必须从小事做起，注重每一个细节的质量。

3　机会比薪水更重要

人在生活中处处都与金钱打交道，种种享受都离不开金钱，想要过幸福、美好的生活，金钱是不可缺少的必要条件。所以，“高薪”成了每个员工向往的目标。

其实，在职场中，机会的含金量往往比“高薪”的含金量大得多，每一个成功者，在他们还没有成功之前，都有过一段拿低薪的日子，丰厚的薪水只是一时的利益，只有获得能力的提升，这才是让自己长久地拥有高薪的保障。在工作中，只要尽职尽责、坚持不懈地努力，获得晋升、拿到高薪的机会自然非你莫属。

每一份工作中都充满着机会。只要你肯于努力，就会看到工作带给你的回报，当你拥有了一份工作的时候，就要看它是否能够提升你的技能，是否能够增加你的社会经验，是否能够帮助你提高素质与修养。

薪水固然是工作目标中重要的组成部分，但它绝不是工作意义的全部。我们是为自己而工作，我们要通过学习，获得成功的机会，得到大量的经验，这才是工作给予我们的最大报酬。

罗舍原来是一名普通的银行职员，因为某些原因他离开了银行，在一家汽车公司找到了工作。他在汽车公司工作了7个月后，突然有了一个想法，想试试自己是否能有提升的机会，于是他直接给老板写了一封信，毛遂自荐。

而老板给他的回答是：“你可以去设备厂，负责监督新厂机器设备的安装工作，但不加薪。”

罗含没有犹豫就答应了。他没有受过任何机械工程方面的训练，根本看不懂图纸。但是他有一种不服输的劲头，找机会就和有关人员一起探讨，动手实践。有时候遇到难题，他自己花钱请技师解决问题。在他的努力之下，新工厂的安装任务提前完成了，罗含的努力也得到了老板的认可，不仅获得了提升的机会，而且薪水也涨了好几倍。

后来，老板对罗含说：“当初，我知道你根本就看不懂图纸。如果当时你随便找个理由推掉这份工作，我可能会让你离开。可是你的工作精神让我很感动，你不是在为薪水工作，而是在为自己创造机会，你真的很有前途。”

成功人士的经验告诉我们这样一个真理：只有经历艰难困苦，才能获得世界上最大的幸福，才能取得最大的成就；只有经历过奋斗，才能取得成功。工作的质量决定生活的质量。无论薪水高低，工作中尽心尽力、积极进取，就能使自己得到内心的平安，这往往是事业成功者与失败者之间最大的差异。

优秀的员工应该这样想，我们在公司工作不是为了别的，而是为了自己，运用自己的智慧，发挥自己的才能和创造力，提高工作效率。要不断地进步，以积极的心态做事情，这样一来才会给老板留下更好的印象。人人都有机会，关键看你是不是懂得怎样去把握住它，怎样去运用它。

4 经常站在老板的位置上思考

老板总是希望自己的员工不用督促，就能够自觉地工作，把公司的事业视为自己的事业，从老板的角度看待问题，思考问题。

而员工却很少这样看待工作，很多人认为，公司是老板的，不管我们工作多么认真，最后的大部分利益都是老板的，我们只不过是替人打工，干得差不多就可以了，不必那么拼命地干，只要每天都混到下班时间，一刻也不想多耽误，快快冲出公司，马上回家。

还有的人利用工作的时间做自己的事，偷偷上网聊天，或者用公司的电话煲电话粥，甚至有人利用工作时间在淘宝网上开店，这样的人在职场中大有人在。其实，他们这样做，不仅没有从工作中占到便宜，相反，却把自己大好的时光白白地消耗了。

作为一名优秀的员工，是不会在自己的工作中心猿意马的，他们会像老板那样，考虑公司的发展前景，懂得体谅老板在经营中遇到的的难处。

要知道，在一家公司里，老板的工作是最重要的，他不仅要管理好内部的工作和人员，还要负责对外谈判，洽谈客户。所以，作为一个优秀的员工，就是要让自己为老板分忧解难，像老板那样努力工作，珍惜公司的财力物力，这样做，不仅会让公司受益，我们自己也会因此而受益终生。

王伟在国内一所知名的管理学院毕业后，开始找工作。几家比较大的公司都有意接纳他，可他却把目光投向了一个规模很小的公司，在这个小公司中，他被任命为总经理助理。

同学们都不理解他的做法，因为他的学习成绩是比较突出的，完全可以进入实力较强的大公司，得到一个较大的发展平台。可他却反其道而行之，大家都说，王伟这样做是在作践自己，自讨苦吃。

可王伟自己却不这样认为，他对自己的工作定位是“一切从零开始”。有了这样良好的心态，他每天都能从容地处理好工作中的种种琐事，收发一下文件，做做笔录，给老板整理会议纪要等工作。

几年过去了，王伟在工作中积累了丰富的工作经验，这时候，他已经成长为优秀的职业经理人，从一个小助理变成了一个百万身价的公司总经理。一次，在投资大会上，有人称赞王伟能力非凡，他却谦虚地回答说：“其实，在我刚刚参加工作的时候，也是一个小打工仔，在一家公司做了两年总经理助理。不过，正是这两年给了我最大的锻炼，因为我整天在老板的身边工作，我常常训练自己站在老板的角度思考企业的管理问题，向老板学习关于重大问题的决策和判断力。这两年让我对企业管理有了新的认识，所以才形成了现在的管理思路。”

王伟的经验，让我们懂得了站在老板的角度思考问题对于我们的职业生涯具有的重要意义。

每一个成功的人都有他的非凡之处，每一个老板，都应该成为员工学习的榜样，他们殚精竭虑，无非是为了让企业发展得更好，把公司的业绩提得更高。如果每一个员工都像老板那样思考问题，哪怕在工作中遇到千难万险，也会坚持下去，直至成功的那一天。

5 将“不可能”变为可能

生活中的事情不是绝对的，工作中的事情也是一样，有些事情我们仅仅能够看到它的一个方面，却看不到另外一个方面。

很多人认为自己的命运不好，成功的机遇根本不可能让自己撞上。假如你在心里彻底否认了自己具有成功的可能，那么就等于给自己的职业生涯判了死刑。

生活中很多事情，让人听起来感觉很难，好像根本不可能完成，所以人们早早就放弃了所有的努力。

但是，如果换一种思路，坚持下去，也许就会得到另外的一种结果，很多看似“不可能”实现的事情，也许完全可以实现，关键是我们要为自己创造成功的条件，去实现自己的人生理想。

米特是商场上的高手。之所以他会有今天的成就，主要是因为他的突发奇想。他最早在邮政行业工作，这是一个枯燥乏味、没有任何激情的行业，员工们每天到处跑，给人送邮件，工作中一点生机都没有。

米特为了改变这种现状，四处寻访，想找到一种新的思路，给企业提高业绩。他上网查询，去各地走访。经过再三的研究，他决定用网络开展一个全新的邮政事业。他把想法和同事们一起研究，结果多数人不同意他的想法。

可是他觉得，如果没有创新，这个行业将不断萎缩，不会得到更好的发展。在多数人反对的情况下，他始终坚持自己的理念。又找了有关方面的专家，经过一年多的努力，他创建的“网络邮政”终于投入使用了，给这个传统的行业带来了新的机遇。

只有敢于创新的人，才有可能将“不可能”的事情变为“可能”，将微小的希望变为现实。

纽约的一家报社，为纪念“电报诞生25周年”发表了一篇评论。内容提到了一个信息，由于通讯设备的不断完善，人们收到信息的数量比往年要高出25倍。这句评论在一般人看来，不过是一个普通的句子，可是在商界人物的眼里却潜藏着巨大的商机，在得知这一消息之后，他们马上意识到，为了适应信息量增加的需求，创办刊物是一个最好的时机。

几十位商界人士马上做出了反应，在不到3个月的时间之内，在银行存了足够的钱，并且还办好营业执照，准备创办刊物。

正当大家忙着办手续的时候，工作人员却通知他们说，因为就要选举，此类刊物的征订和发行暂时不能办理，什么时候开始，也没有确定。

这个消息对于这些准备创办刊物的人来说，好像是一盆冷水淋在头顶，大家的热情马上降低了，认为这种局势不利于创业，所以，在20个申请人当中，有19个人准备退出，只有一个叫瑞克的年轻人，没有因此而退缩，因为他有了新的想法，这个“不利因素”很可能就是非常大的利好消息，因为这个政策轻松地帮他消灭了十几个“敌人”。

瑞克回到家里之后，在自己的住处写了很多份订单，然后，他用两千多个信封把这些订单寄了出去。就这样，他所创办的杂志《读者》被全国读者接受了。经过十几年的不断努力，他的事业已经遍及了一百多个国家和地区，他的收入也从最初创业时的几千美元增加到几个亿。《读者》之所以成功，就是因为瑞克的创新能力，他把别人认为的“不可能”变成了现实。

只要心中有了目标，只要有信心将这个目标实现，并且做好，那么就去开发那个别人眼中的不可能吧。其实在工作中，树立自己的信心更为重要，它是勇往直前的驱动力，为了使某个“不可能”的事情变成可能，你需要不断地超越自己，进行创新，如果你做到了，你就会拥有很大的竞争优势。

6 多做一点没问题

如果你是一名新员工，那么在公司里的老员工可能就会交代给你一些他们手中所不愿意做的工作。你会觉得他们是在欺负新人，很不服气。你有没有想过，这其实也是在给自己锻炼和表现的机会呢。作为老板，他会觉得，一个员工主动积极地工作，是一种优秀的体现。而你的努力，他是会看在眼里的，你的付出不会浪费，这些会让你积累更多的经验，因为想要更好地完善自己的事业，就要多做，多想，多创新。

多做一点，是积极工作的一种表现。积极工作的员工不会计较一天会有多少工作，自己会多挨多少累。他们会觉得，自己一天中会比别人多学多少知识和经验，他们不会报怨工作，他们更不会变得消极。

将公司视为自己的第二个家，有了“家”的感觉，你就会有了主人翁的责任感，这样你就会对工作充满热情，就不会为了多一点事而感到不愉快。

一个人的工作态度直接影响他的工作效率，如果你的工作态度是消极的、退缩的，遇到问题推诿责任，当然不会有成就感，当你的专业技能一直没有精进时，你更容易产生枯竭感，因此，不断地充实专业知识，保持热诚、积极的工作态度，才能使自己乐于工作。如果能在工作中寻找到乐趣，调整好自己的心态，就不会带着负面的情绪去面对工作。找到可以使自己上进的动力，多做一些工作也不会觉得吃亏，不会觉得是在浪费时间。

马若在一家汽车制造公司工作。他只是一个普通的小职员，工作职务低微，可是他并不气馁，十分用心地工作着。

当员工们都下班回家时，他却还在公司加班，他在发掘经验，学习如何才能成为一个优秀的员工。因为他发现，公司的老板下了班之后都没有回家，而是继续留在公司，每天都工作到很晚。所以，他也每天留在公司，他没有什么业务可以做，就在老板办公室里，为老板做些力所能及的事情。

在工作时，老板会找一些文件或打印材料，原来都是他自己动手去做，但是，在马若来了之后，他就将这些小事交给马若去做。

时间久了，老板只要有事就会叫马若去办，渐渐地就养成了习惯。老板发现马若很喜欢做事，这是老板最欣赏他的地方。前不久，老板收购了一家工厂，马若作为老板的左膀右臂，被派往下属企业，担任那家公司的总经理。

马若飞快地升职了，他的提升速度是用自己的努力换来的。其实，他只是多做了一点职责之外的事。从这个事例中看，我们可以看到，在公司里多做一点事，只有益处没有害处，这样做不但丰富了自己的职业生活，同时还可以赢得老板的青眼相加，为自己换来美好的前途。所以说，对待工作不能缺乏积极主动的精神，优秀的员工往往不是被动地等待别人来安排工作，而是主动去了解自己应该做什么，如果一个人在思想上总认为自己在为别人打工，他就不可能做到积极主动，具有责任感，也永远不可能得到老板的赏识。

工作的意义是不断提高自己的专业知识，积累丰富的工作经验和为人处事的能力，有了这种意识，我们自然就会具有一种发自内心的力量和无限的动力，积极主动地做好每一件工作。

从前，有一个严厉的主人要出一趟远门，临行前他将仆人们叫到跟前，按着各人的才干给了他们一笔银子，一个给了 5000 塔拉（古犹太银币单位），一个给了 2000 塔拉，一个给了 1000 塔拉，随后主人便走了。

那个领 5000 塔拉的仆人，拿这笔钱去做买卖，另外赚了 5000 塔拉；那个领 2000 塔拉的也照样赚了 2000 塔拉，但那个领了 1000 塔拉的仆人却挖了个洞，把钱藏了起来。

过了很久，主人回来了，那个领 5000 塔拉的仆人带着赚来的 5000 塔拉，对主人说：“主人，这是您交给我的 5000 塔拉，请看，我又赚了 5000 塔拉。”主人很高兴，让他一同坐下享用丰盛的宴席。

那个拿 2000 塔拉的仆人也同样献上赚来的钱，获得了主人的称赞。

最后那个拿到 1000 塔拉的仆人上前对主人说：“主人啊，我知道您是很严厉的人，我就害怕把钱给您弄丢了，于是，我把您交给我的 1000 塔拉全部埋藏起来，请看，您原来的银子都在这里，分毫不少。”

主人怒斥道：“你这个又笨又懒的仆人，既然知道我是严厉的人，至少应当把我的银币放到银行里，等到我回来时，可以连本带利收回来，怎么可以让你将银币埋藏起来？”说完，夺走了这个仆人手中的 1000 塔拉，将这笔钱奖赏给那个赚了 5000 塔拉的仆人。

从这个故事中，我们可以看得出，只要多做一点，一定可以得到奖赏。有时候，这种奖赏也许可能会迟一些兑现，但是，这种努力一定不会让人失望的。

因为世界上，没有任何老板喜欢偷懒、耍滑，对工作毫无想法的员工，只要在工作中，多做一点点，就会为自己赢得更多的机会。

7 要让自己具备解决力

工作就是面对问题和解决问题。凭借一个人的能力、经验、智慧，凭借个人的干劲、韧劲、钻劲，去克服困难，解决那些妨碍我们实现目标的问题，这就是工作的实质。在职场中，拥有解决问题的能力比拥有知识更重要。

要提高自己处理已经发生的问题、发现潜在问题的能力，需要从多方面进行锻炼，因为不同的问题需要用不同的方法来解决。

处理已有的问题，可以根据以往的模型，进行快速处理，尽量减少损失，对于那些潜在的问题，需要我们查找根源，更需要自己具备多方面的能力。

在工作中，我们要充分认识到自身的不足，善于借鉴一切成功的经验，不断提高自己的职业能力。

两个刚刚毕业的大学生，想要咨询有关今后工作的问题，希望知道怎样做，才能获得提升的机会，于是，他们两个人一起去拜访了一位人力资源管理专家。

当他们说出了自己的问题之后，专家并没有马上回答他们的问题，而反问他们："你们认为，工作是什么？"

两个人竟然都被问住了，他们从来没有想过这个问题。

专家又问第一个学生："你的父亲是做什么工作的？"

他回答说："是个企业经理。"

"那么他都做些什么工作呢？他的工作内容都是什么？"

大学生想了想说："我只知道他每天都会很晚回家，大多都是开会、出差、听取各部门的主管向他汇报工作。"

“你父亲做的这些都是为了与部门主管沟通,为了解决企业的问题。”

专家又问第二个学生:“你毕业后找到工作了吗? 都做了什么?”

他回答说:“我在一家私营企业的研发部工作。”

“那你知道在研发部门,都需要做什么工作吗?”

第二个大学生摇了摇头。

专家又说:“做研发的要做很多实际的工作,要做市场调查,了解产品,这有许多困难要面对。只有了解了消费者的需要,才能够根据消费者的需求做出自己的设计,然后试验,再投入市场试销,根据顾客的反馈进行改进。这其中需要面对很多个问题,要攻克许多的难关,但解决困难,迎接挑战,也是工作的意义和乐趣所在。慢慢地,你能够积累更多的经验,才能找到正确而有效的方法。看上去很难的事情就会变得不难了。”

专家看了看他们两人:“你们没有发现这两个工作都有个共同的地方吗?”两个人一时还没反应过来,第二个学生说:“经理的工作和做研发的工作应该不是一个体系的吧?”

专家笑了,他说:“其实,他们都有一个共同点,也是所有工作的共同点。那就是面对问题,解决问题。要凭个人的能力、经验、干劲和钻劲,去克服、解决妨碍我们实现目标的问题,这就是工作的实质。”

两个人听了专家的话,恍然大悟,原来他们所要找的问题其实很简单,只是没有用正确的态度去理解。

想要面对问题和解决问题,就需要我们具有解决问题的能力,能力决定了工资的水准。

在职场竞争激烈的今天,我们想要不被打倒,就要在变化中保持自己不迷失方向,勇敢面对各种突如其来的变化。

能够具有胜任力,是工作的关键所在,它是为了达成理想绩效的必要条件，包括知识、技能、自我形象、社会性动机、特质、思维模式、心理定势、感知和行动的方式。

如果你掌握了技能，能够胜任公司的职位，能够随时解决工作中随时可能出现的种种问题，你就可以得到老板的信任和尊重。

有这样一个年轻的司机，他的职业很普通，每月拿着微薄的薪水，但是他从不抱怨，总是在工作中多做一些事，而且做事的态度非常认真。他常常帮助老板寄送一些信件，收发快递。慢慢地他了解了公司里的很多业务。老板在有事缠身的时候，都会找他帮忙，他的工作担子越来越重，但是却没有多拿一分钱的薪水。但他不计酬劳，不怕劳碌，好像已经习惯了这样超负荷的工作。

有一天，一个行政助理突然辞职了，可是，他留下的一摊子工作需要有人来做，于是，老板在第一时间就想到了他，他的认真的工作态度和出色的工作技能，一定能在这个岗位上充分地发挥出来。于是，这个司机得到了一个行政助理的职务，他的工资也因为职务的变化而大大地提高了。

其实，只要你踏踏实实地工作，掌握了工作技能，拥有多种知识，并肯于付出，这样的员工不必担心自己会被埋没。凡是有成就的人，他们都会对工作投入100%的热情，甚至达到了废寝忘食的程度。在工作之外，努力训练自己的工作技能，只有这样才能让自己在工作中变得从容自若、游刃有余，为公司解决更多的问题，但是，解决能力不是一蹴而就的，它是长期工作经验的积累，想要具有解决能力，就要尽一切可能去寻找解决问题的正确方法。

李嘉诚是华人首富，他就是通过寻找解决问题的方法取得了现在的成功。过去，他做过跑堂的，也干过推销员，推销员的生涯让他学到了很多东西。

一次，他在推销塑料洒水器的时候，遇到了难题，忙了一个上午都没有一点成绩，没有人在意他的产品。可是他不停地给自己鼓劲，最后，他精神抖擞地走进了另一栋办公楼。他是一个特爱干净的人，一走进这里的楼道，他看到了那里有很多灰尘，突然间他想到了一个好办法，直接去了洗手间，在洒水器中装了一些水，洒在楼道里。经过他一番劳作，原本脏兮兮的楼道瞬间变得干净了，他的举动立刻引起了楼房清洁人员的兴趣，大家纷纷向他询问洒水器的功能和用法，并跟他购买了十几个。这样的结果来自他瞬间的突发奇想。

李嘉诚之所以能够获得成功，是因为他找到了正确的推销策略，将它的功能与应用展现在了消费者的面前，从而获得了客户的认可。大多数人没有做好工作的原因，就是在错误的地方用了错误的策略，最后收获了错误的结果。

我们只有找到产生错误结果的根源，才可能找到解决问题的途径。培养自己的工作能力，是解决问题的关键，在这个过程中，不仅需要具有正确的判断力，还需要具有亲历亲为的解决力。

8 尽可能用结果说明过程

明确的结果是需要用过程来证明的，看过程，当然也要重结果。过程往往比结果来得艰辛，来得不易。要想有一个很好的结果，就要付出相应的努力。

如果省略了过程，那么结果就会变得没有意义。

马云峰是一名著名的职业经理人，在广东某家电集团担任管理者代表兼营销总监，公司创业的老板退位让贤于他，使他一举成名。

在个人利益上，马云峰连总经理聘任合同都没有签，没有明确的任期和待遇保证的条款。他说：“不订合同也好，如果签三年的合同，我很可能也走急功近利的捷径，就想这三年的事情，而不去考虑企业未来的发展道路。”

在这样的情况下，马云峰用不到3年的时间，完成了企业的5年发展战略设计。尽管在这个企业面临很多阻力，但马云峰还是突破了重重权力的障碍，创造了出色的业绩，在他当总经理的日子里，销售额稳步增长，家电产品的市场占有率超越了董事会对他的要求。

在职业经理人道路上，已经扬名天下的马云峰，做人特别低调，但是，他的工作作风稳健、扎实，是典型的“知道想要什么样的结果”的现实主义者，运用他的智慧，在职业人的生涯中巧妙地保持着微妙的平衡。有的人为他打抱不平，他却淡淡一笑，因为他知道自己想要的结果是什么。

公司需要个人为其做出所需的贡献，个人需要把公司当成实现自己人生目标的阶梯，而在这个相互借力的过程中，你需要用结果来证明一切。

小潘在一家大型商贸公司工作。他在工作上积极进取，从不落后。有一天，他在帮老板整理文件的时候，发现了老板的工作记录，原来，老板正在为一个新产品在某省遭到冷遇、打不开市场局面而苦恼。他发现了这个问题之后，心中思考着如何才能帮助老板解决这个困难。于是他主动向老板申请，表示自己愿意到某省去开拓市场。

老板听了不太相信，因为老板认为他不是做业务的人才。于是，他对小潘说：“此前派去的员工都无功而返了，而且那里的条件又不如总公司这里好，你好好想想再决定吧！”

小潘毫不犹豫地说：“我相信自己能在那里开拓出崭新的市场，因为我已经做过周密的调查了，并且我还拟定了一份切实可行的销售计划。”说完，小潘还把自己的销售计划书递给了老板。最后，经过董事会的决定。老板将小潘派到某省开拓市场。

在小潘的努力下，某省的业务终于破冰，并且销售业绩节节

攀升，这种产品成为同类产品中最受顾客欢迎的产品。小潘的积极进取得到了回报。他用自己的实际行动证明了他的能力，他也因此获得了丰厚的奖金和业务部副经理的职务。

通过小潘的事例，我们看到职场中的一条不变的真理：只有通过自己的努力，才能享受到这种努力带给自己的快乐和充实。

其实，我们可以回顾一下，在实现梦想的道路上，每一个深深的脚印中，都留下了我们辛勤的汗水，正是这些努力的过程充实了我们的人生，让我们找到了生命的意义。

实现梦想的过程虽然是艰辛、痛苦的，但在这其中，也有无比的快乐，爱迪生用自己的创造力给人类带来了光明，他却走过了复杂而艰难的过程，用自己的智慧和力量，为人类敲开了光明的大门。

实现梦想的路是漫长的，这个过程也充满了痛苦和坎坷，但是，它让我们在痛苦中得到不断的升华，使我们超常地发挥了自己的聪明才智，实现了自身价值的最大化，这就是我们所追求的职业的最高境界。

第四章　让自己在工作中变得不可替代

西班牙著名的智者巴尔塔沙·葛拉西安在其《智慧书》中告诫人们:“在生活和工作中,要不断完善自己,使自己变得不可替代。让别人离了你就无法正常运转,这样你的地位就会大大提高。”事实确实如此,如果一个人在他所在的公司里具有这样的作用,那么,他的成功将会指日可待。

1 眼光不要放在别人身上

职场上的新人，很少能有几个在一个岗位上踏实、认真地工作的，大多数的年轻人都选择了跳槽。而主要的原因是，急功近利，把目光放在别人身上，而不去审视自己，总想能够搭上顺风车，在短时期内达到自己的目的。

小宁在大专毕业的时候，就明白了一个道理，每个公司都要招聘有工作经验的人。对于他这个新人来说，求职有很大的难度。还好，在他的努力下，终于找到了一个采购助理的工作。这个工作对于经验要求并不算高，小宁有他的一腔热忱，觉得自己可以胜任。

助理的活儿没有太大的压力，在一些琐碎的小事上，他学会处理很多在学校里不曾遇到的事情。两年来，他在工作中一直愉快，自我感觉积累了不少的经验，他自己暗想，再工作一段时间，应该可以高升了。

但是，天有不测风云，在一次企业内部的调整当中，小宁从采购部调到了市场部，一个完全陌生的环境，又需要有一个全新的认识过程。

小宁的干劲和积极性一下子消失了，他不愿意再从头学起，又对这些不感兴趣。他身边的朋友不停地跳槽，而且越跳槽薪水越高，于是，他也萌生了“跳槽”的念头。

他准备递交辞呈，领导和同事得知，都劝他考虑好了再做决定，在这里他是有发展前景的。可是他要求再调回原来的岗位，他说，只有回到原来的岗位，他才会考虑留下来。

后来经过协商，领导同意加薪，却不同意他回到原来的岗位。

听了这个结果，小宁去意已决，离开了公司之后，又开始四处找工作。

经过了几次面试之后，最后终于有一家公司聘请了他，工作和以前一样，还是采购员。可是，同学们都劝他不要去，说那家公司的口碑不好，但是，他还是想去试试。

第二天，小宁带着愉快的心情来工作，可是，在试用期里，他感到压力很大。有些主要的业务都不交给新人做，这让小宁在这里学不到东西，只是在浪费时间。

试用期过去了，公司马上让他接手正常的业务，连一点过渡时间也不给。

但是，小宁没有说什么，用了几天的时间就把工作理顺了。但是，老板的性格喜怒无常，有时候，小宁将很多资料整理完，交给他看，他却莫名其妙地说不需要了。

小宁委曲求全地过了几个月，最后还是受不了，干脆辞职了。

后来，在与同学交谈中得知，与他有着同样经历的人很多。对于求职，大家都有不同的见解，但是主意还要自己拿。

小宁休息了几天，也思考了很多问题，认识到应该学着主动去适应别人，适应身边的环境。这次小宁找了个小型民营公司。跟以前的两家知名大公司相比，这个是新成立的小公司，前景如何还是一个未知数。

但就他现在的心态来看，小宁觉得这也是一个好的平台，他总结以前两次的经验和教训，明白了自己想要的是什么，不能总把眼光放在别人身上，忘记了自己的追求。

现在小宁觉得工作是自己的选择，合不合适只有自己知道，有了困惑或疑问与同事一起讨论，发表自己的见解，但脚下的路

是自己的，最重要的是要盯住自己的理想，所以，他很开心地投入工作，利用业余时间给自己充电，为自己的将来打好基础。

找对了心态，愉快地工作，愉快地生活，这才是人生的根本，成功的起点。把工作做到位，积极主动地积累经验，你会发现，成功原来就是一个功到自然成的过程。

刚进公司，你是新人，毫无怨言地受人指派，这样感觉自己有“谦虚、肯干”的精神，可以挣得更多的好印象，也能挣得一个好人缘。

在公司中，最应该远离的就是那种不负责任的人，他们所讲的话都是自私的，不顾及任何职业道德，这样的行为是不能效仿的。

我们要想好好地工作，就要随时为公司着想，提高素质，积极主动地工作，及时发现自己的错误，这才是一名优秀员工应有的思维模式。

如果你想要实现从平凡到卓越的飞越，就不要在乎别人的看法和说法，埋头苦干，把眼光放在工作上，用成功来证明一切，用胜利来推翻“长舌一族”的种种舆论。因为，所有的成功者，都是从荆棘中找到道路的人。

2 别人的好坏跟自己没有关系

这是一个很有趣的职场小笑话：在超市的冰柜里，摆着琳琅满目的海鲜。螃蟹的价格也是不等的。这时，有一只螃蟹从 19.8 元的价签下面爬出来，歪歪斜斜地爬进了标价 90 元的那一堆对虾中去了。看见这个螃蟹的人都忍不住笑起来，大家指着螃蟹说：“看它多有上进心啊！”

在职场中，有的员工看起来工作很认真，但却没有上进心，只是当一天和尚撞一天钟，永远都在做属于自己的“分内”之事，对别人干多干少却看得格外分明。这样的做法是消极的，多做一些工作不仅可以锻炼自己的能力，而且，还可以杜绝与人攀比的毛病，跟别人攀比的习惯会让我们越比越差。

要知道，在职场中，不是所有的机会都属于我们，只要付出100%的努力，就会在那1%中找到“出口”，不要盯着别人的好坏，他们也许有着得过且过的想法，现在你需要考虑的是自己想要怎样去工作，你想要在工作中获得多少自己成长所需要的精神和物质的食粮。

首先要明确一点，上进是为了自己，不是为了别人。在工作中，整天面对堆积如山的业务，能够激起自我的斗志是一件很不容易的事。要有好的态度，主动要求一些事情做，主动思考自己要怎么改进。下班的时间查一些相关的资料，给自己不断地注入新的思想，这样才会使你不断地进步，突破你固有的思维，将值得骄傲的事告诉自己，每天都要增加一种新的、积极的素质。

其实，做每件事都要用心去体会。在工作中，要记住这句话：“不做便罢，做就做好”，人说“不想当将军的士兵不是好士兵”，我说“不想升职的员工不是好员工”，人生如逆水行舟，不进则退。如果一辈子都不想升职，就是没有上进心的表现。要用自己的全部精力，认真完成工作中的任务，把它做精做细。

在工作当中，没有任何一件事情可以忽略不计，细节和小事往往能反映出你的专业水准。小事的成功看似偶然，实则孕育着必然。

工作中无小事。每一件事都值得我们去做，即使是最普通的事，也不应该敷衍应付或轻视懈怠，做事不应该有“事不关己，高高挂起”的思想。也许别人工作不认真，可是你不能也跟着学，如果是那样，就是拿着自己的理想开玩笑。

刚入职场的于立，对公司里的每件事都感到新鲜。但是老板严肃的样子让她畏惧，总想躲着他，就像老鼠害怕看见猫一样。

一天中午，刚刚吃过午饭要去工作，正好遇到了老板，他笑容可掬地问：“小于，你帮我问问快餐店还有没有盒饭送？或者，你联系一下李主任，拜托他回来时给我带一份午餐。”

于立觉得受宠若惊，因为她从来就没有接到过老板的任何任务。但是，她拨打李主任的电话，却一直没有人接，李经理外出就餐，他的手机放在办公桌上没有拿。于立一直等到李经理回来，这时已经下午一点三十分了，她找到李主任，说老板还等着让他带一份饭回来，李主任急忙跑到楼下，给老板买了一份快餐。

经过了这件事，于立想，如果我能多动一点脑筋，想方设法解决问题，而不是把问题原封不动地留在那里，就不至于让老板在两点之后才吃上饭了。

于立从这件事当中吸取了教训，不久以后，她再次遇到了同样的事。

老板打电话要找徐经理，于立接了电话，她看了看徐经理的办公室，办公室里没有人。于是她说："徐经理外出还没回来。"但她转念一想，自己不能再犯上次的老毛病了，于是，她立即补充一句说，"我马上去找她，请她跟您联系。"

老板说："我找她有急事，不过换别人也行。"

这时，于立马上说："办公室里还有小张、小池，还有我，您需要哪一位？"

老板笑了笑说："那就你吧，你把我要的资料给我准备好了送过来吧。"

于立马上按照老板的指令去做，就这样，她在客户部做了三年接待工作，接了三年的电话。渐渐的，她和同事们接电话的方式有了些微妙的差别。

每当她听同事说："没有，不清楚，不是，时间安排不过来。"她都会补充一句："请问一下他有什么事。"

于立就这样积极主动地与客户沟通，为客户提供更多的信息，尽可能让对方有更多选择，她在这个平凡的岗位上工作了三年之后，老板找到她，想让她担任客服部的主管。

于立很惊讶，她很清楚自己并没有什么特长，只不过是每天接接电话而已。

老板却说："你能把这个小小的工作做得这么好，就凭你的干劲，我觉得你能干好，也相信你会是一个好领导，一定会把客服部领导好的，你可以先从电话培训开始吧。"

就这样，于立成了主管。她把自己的经验和同事们一起分享，把自己的工作秘诀传授给他们，客户部在她的带领下面貌焕然一新。

如果当时于立总是把眼睛放在别人的身上，别人怎么做自己怎么做，就不会得到以后的职业发展。

其实，在职场中，别人的好坏和你根本没有关系，即使你觉得老板很严厉，不容易接近，但只要你在工作上努力了，老板就一定会看到，你的心血绝不会白白付出。

别人不积极你也不积极，那么，假如明天别人一旦被公司辞掉，你也会跟他一起离开公司吗？

所以说，不要把眼光锁定在周围人的身上，看到别人有什么毛病，能纠正就尽量纠正，如果因为自己人微言轻，暂时管不了别人的话，那么就先管好自己，要知道，别人的好坏，跟你没关系。重要的是自己要上进，要有主动性，不论你胜任什么样的职务，从事什么样的工作，都要把自己的积极性调动起来。

给自己力量和勇气，让自己随时可以胜任不同的工作，当然对自己目前从事的这份工作更负责，对自己负责，对自己的未来负责，这才是一名优秀员工应该具有的工作态度。

3 拿高薪的能力是干出来的

在工作中,因为职务不同,工作的分工不同,所以,每个人的薪水也是不同的。有能力的工作人员,当然拿到的薪水比那些能力平平的员工要多出很多,所以,能力平常的人总是抱怨命运不公平。

但是,要清楚一点,高薪是靠自己的能力一点一点地干出来的,绝不会是因为老板心情好的格外赏赐。天下没有免费的午餐,没有付出就不会有收获。任何一位老板,都不会把一份既轻松快乐,又能拿高薪的收入无端地送给你,要想拿到高薪,是要付出代价的。

我们不妨来看一下那些高薪者的情况:经常加班、没有休息日、无休止的应酬、难以排遣的压力、健康受损、衰老加速……

对于职场中人来说,高薪就像一把锋利的双刃剑,在高薪之下,还有高度的责任、高强的压力,如果想要成为高薪人群中的一员,我们现在要做的,不是埋怨和回避,而是如何调整心态,付出比别人多几倍甚至几十倍的努力!

明阳的职业道路很简单,硕士毕业,在现在的IT公司里工作了三年,而IT业的薪酬是所有行业中最高的。明阳开玩笑地说:"薪酬伴随行业竞争的加剧和经济环境的不景气,没有升过。"但是,明阳却早就跨入了30岁前年薪20万元的金领行列。

在30岁前就能实现年薪20万元,他是怎么做到的呢?这当然离不开他充分的知识储备和良好的职业规划。

要知道IT业的收入高,对从业人员的要求更高,跨进这个高薪行业有着很高的壁垒。明阳在大学里学的专业是材料加工与自动化,由于好学,他不仅涉猎了自动化、计算机的知识,还钻研营销学。勤奋的明阳还自学了英语,他的 TOEFL 和 GRE 分数都高得足以申请美国的名校。

在专业方面,他不断丰富自己的理论知识,硬件、程序、自动化等等知识,都是有意识地接触涉及计算机和自动化的部分,提高自己的实际动手能力。

找工作的前一年,他就经常去各个 IT 公司的招聘会场。毕业时,凭着出色的专业能力和面试技巧,明阳拿到了三家 IT 公司的 OFFER。

经过深思熟虑,来到现在的公司,因为他认为,现在的公司拥有更大的技术优势和发展潜力。明阳在公司做技术翻译工作,尽管并不如想象中那样富有激情和创造力,工作很枯燥,大多年轻的同事不到一年就离开了。

只有明阳没有放弃,调整自己的心态,努力去适应公司文化,由于他的翻译工作使他有更多机会接触到最前沿的技术动态,业务水平和知识能力均有很大的提高。

当发现自己薪水没有别人的高时,首先的反应不应该是感到不公平,对公司和同事产生敌对情绪,而是应该从提高自己的能力下手。

其实,高薪并不是一个固定的数字,高薪是因人而异的,每个人的状态不同,高薪的标准也不同。在衡量薪水高低的时候,其实也是在衡量每个人所领的薪水是否充分体现了自我的价值。

很多时候,影响你薪水高低的不仅是工作能力,更是个人的综合素质,包括为人处事的态度等。要解决高薪问题,可以从个人的内在因素与外在因素两个大方向去考虑,要在理性分析自我和形势的基础上,发现属于自己的高薪秘密,从而找到捷径。

马益是台资企业的副经理,月薪 7000 元,加上各种福利与年终奖金,绝对不会低于年薪 10 万元。他的座右铭就是"要能吃苦,能受累"。

10年前，他是一个流浪汉，为了找到一个栖身之所，他顾不得男人的脸面与尊严，在这家企业应聘了一个清洁工的岗位。

好在人事主管见他身材高大，能吃苦耐劳，便将他安排到车间去拉模。正是这个工作，让他改变了命运。

因为家境贫穷，使他自幼饱尝了人间的辛酸，总是想方设法改变自己的处境。他明白获得这份工作很不易，总想加倍努力，因为他是个男人，做这种工作当然比别人慢，因而，他要付出的比别人多才能赶上。由于他工作认真负责，一月也不出一回次品，在公司里被评为优秀员工、劳动模范。

当组长因为工作失误被老板炒了鱿鱼之后，上班不到半年的他就被破格提升为代组长，管理上百号人。他在代理组长的岗位上兢兢业业地工作，得到了老板的赏识。

从此之后，他工作更加卖力，几乎做到废寝忘食。在几年的基层管理工作中成绩突出，他所带领的班组，效率最高、质量最好、耗能最少、口碑最佳。当他工作至第八个年头时，他被破格提拔为厂务助理，成为经理级干部中唯一的一名出身低层的干部。

这些年来，公司也一直进行人事改革，希望找到一些学历高、懂技术的人从事管理。可招聘的人当中，像马益这样能吃苦耐劳的人却寥寥无几。经过几番磨合，他被推到了最前锋。做到了今天，他的话被证实了："只要你肯吃苦耐劳，肯努力付出，它的回报远远超出你的想象。"

高薪来源于个人工作的高绩效，企业付给员工薪水，就是期望员工完成工作规定的职责。但如果你能做出更高的业绩，你就能获得比别人更高的薪水。如果你能够成为团队的管理者，领导众人，创造绩效，高薪自然不在话下。

一个人只有在从事他所热爱的职业，在充分发挥自己的能力时，才能更快地取得成功，而成功是高薪的基础。所以，你应该清楚地了解自己，找准自己的位置，找出符合你的职业兴趣、能够充分发挥你的专长的职业。别忘记高薪收入者们成功的因素：刻苦地敬业，时时刻刻考虑着工作，不断地拼搏。

4 不计报酬，好运自然来

想要做一个好员工，就不要目光短浅，不要只想着赚钱。并不是说，不让你在工作中赚钱，但是，要弄明白自己的赚钱方式和心态，不要唯利是图，不要为了金钱而不顾后果，不顾及公司及企业的利益盲目地索取。

职工对企业有认同感，把企业看成是自己的，确信在本企业工作是一个明智的选择，确信在本企业工作是能够实现自我价值的，要获得更多的回报，只有你自己为公司创造了更多的价值。公司业绩提升了，个人的价值才能实现。要把公司视为是自己的“家”，全身心地投入，才能取得更好的回报。

如果说你想在自己的工作中获得成功，最起码应该这样想：我工作是为了生活，更是为了自己的未来。薪金的多与少永远不是我工作的终极目标，我所看重的是，因工作能够获得大量知识和经验，以及踏进成功行列的各种机会，这才是具有极大价值的酬报。

在工作当中，不论是分内的还是分外的事，只要你做了，就不要追问：“报酬是多少？”该完成的任务，就应该心无杂念地去完成。因为在没有做出一点成绩之前，空谈报酬是没有任何意义的。

艾马和罗杰两个年轻人，一起在大海上漂泊，试图寻找一个世外桃源。他们来到了一座无人的荒岛，条件十分恶劣，没有人会来这里开发“世外桃源”。

可是罗杰却说：“我准备在这儿安家了，虽然它现在是满目荒芜,我相信有一天它会变化成个好地方,我一定要努力让它成为心中的世外桃源的。”

而艾马却不愿意留下来,于是他继续漂泊,寻找下一个能让自己有所发展的“世外桃源”。后来,他终于来到了另一个小岛,可是岛上早就人满为患,岛上的居民都是18世纪海盗的后裔,艾马决定留在这里做小工。

过了很多年,一个偶然的机会,他经过那座他曾经放弃的荒岛,决定去拜望老友。

他上岛之后,岛上的一切使他异常惊讶,怀疑自己走错了地方:高大的屋舍、整齐的田垄、健壮的青年、活泼的孩子……

老友罗杰还是那么精神矍铄、精力充沛。尤其是说起荒岛的变化,他更是滔滔不绝。最后老友自豪地指着整个岛屿说:“这一切都是我用双手干出来的,这是我的岛屿,我完成了自己的梦想。”艾马听了,什么话也说不出,不知道是惭愧还是悔恨。

生活就是这样,如果你努力奋斗了就会看到成果,自己的努力是不会白费的。有些人再苦再累,但是,只要奋斗过,不计报酬地做事情,你便会获得意外的收获,成为生活的主人。

人生就是这样,只有付出努力才会有所回报,遗憾的是,许多人只希望得到炉火的温暖,却不愿意往炉膛里添柴。

在没有工作的时候,人们都会说:“给我一个机会吧,我会更加努力的;我会让你看到我的实力的;相信我吧,我一定会做得比其他的人更好。”可是,一旦得到了这个工作以后,往往又会抱怨工作的劳累,薪水的微薄。

要知道,生活始终遵循不变的因果定律:如果你希望生活给你奖赏,首先必须付出努力。如果你在自己今后的人生旅途中,牢牢记住这个规律,许多问题都会迎刃而解。

春天播下种子,秋天就会得到丰收;在庄稼丰收之前,必须付出辛勤的劳动;只有全身心地投入到工作之中,只有那些明白了“抽水机原理”的人,才能从今日的小职员跃升为明日的部门经理。

不能否认,生命是需要一定的物质条件保障的,工作首先是换取生存的基本物质条件,但是如果把工作仅仅看作是换取物质条件的手段,仅仅以换取工资为出发点,那就错了。眼睛紧紧盯着几千元的工资,又怎么能得到超过几千元以外的东西呢?

有一个成功人士说:“每天早上起床,我都要看一遍福布斯富翁排行榜,如果上面没有我的名字,我就去上班。”

从根本上说,工作就是付出努力,正是为了成就人生、获得财富,因此,我们才要专注,并在自己所从事的那个方面付出努力。

就其本质而言,工作并不是我们为了谋生才做的事,而是我们要用生命去做的事。细细想想,主要的问题还是对待工作的态度和经历挫折的态度不同,快乐的工作总比悲观无奈好,豁达的人生总比斤斤计较的强。

工作使我们不仅得到了报酬,还让我们学到了知识,增长了友谊,激发了灵感,充满了无穷的创造力,是工作使我们创造了许多个平生“第一次”!

如果我们热爱工资报酬胜过热爱我们的工作,我们的工作就会很枯燥,很乏味,就会缠绕在付出和回报的计算上,因此生出许多烦恼,如果将人生的悲喜寄予在蝇头小利之中,这样的人生注定会看不清脚下的道路,走不到幸福的彼岸。

5 不是为老板打工,不是为金钱工作

作为一个优秀的员工,应该具有忠诚精神和主人翁态度。不管你是否才华横溢、能力出众,只要你渴望担当大任,渴望获得更为广阔的发展平台,就应该保持这种精神。

有人认为,以这种心态来对待工作,为了公司牺牲了个人是不值得的。这样想的人,是大错特错的。拥有主人翁精神的人,就会具有很强的责任感,这就是我们能做好每件事的根本,也是成功人士所必备的,用这样的心态和信念,做好每一件事,成功的几率就会大大地增加。

一个好员工,他的努力不是为老板,也不是为公司,更不是为金钱。他为的是给自己增加经验,提高自己的知识,完善自己的人生目标。拿了公司的薪水,当然要为公司着想,承担起自己的责任。

工作固然能解决温饱问题,解决生存问题,但是,世界上还有比“面包”更可贵的,就是在工作中发展自己的潜能,发挥自己的才能,创造自己的事业。如果工作仅仅是为了解决“面包”的来源问题,那么生命的价值也会因此而降低。

林明是一个建筑业的设计员,他对工作极其认真负责,凡是他经手的工程,从来就没有发生过错误。他的设计既新颖又实用,老板很器重他,为了让他更好地施展自己的才能,他在这个公司里工作不到一年,就被提升为设计部主任了。

在设计部主任这个职务上,他更加积极努力地工作,每天都要留在公司加班,为公司创作出更多、更好的楼盘设计方案。当他实在太累的时候,就用一杯咖啡提神,几乎每天都忙到凌晨才回去休息。就这样,他设计出了大大小小十几套的楼盘样板。

老板几次去公司都看见他在办公室里忙,老板劝他说:“身体是创造的本钱,身体垮了你拿什么去设计呀?”

可是他却说:“我的灵感就是创作的源泉,有了灵感我就不想停下来,也停不下来。”

老板也拿他没办法。只能尽量给他提供有利的条件,让他继续自己的设计。

同事们都说他:“这么辛苦干什么?又不会给你加薪水,再说了,可以工作的也不是只有你一个人,不用那么卖力吧!”

他却说:“我只是想让自己的设计在世人眼前绽放,让所有的人都能在我设计的楼房里居住。我不为能得到多少金钱，也不为自己能有多少回报，我只想使我的设计不断完善，对于我来说，经验才是最宝贵的。”

他的话深深打动了员工和老板的心，老板认为：这样的优秀员工哪里去找？能有这样的员工真是公司的福气。

只要你努力工作，工作自然会给你更多的回报。如果你把工作看成一种学习经验的良好方式，那么，每一份工作对你而言，都充满着巨大的机会，其中收获的不仅仅是金钱。

如果你把工作看成一种学习经验的良好方式，那么，当你获得一份工作时，工作能够给你带来的其他回报，会使你的技能更加精练，社会经验也会有所增加。最应重视的是，只要在这里能让你得到锻炼和提升，就有继续做下去的必要。

尽自己最大可能去钻研技能，接受新的知识，培养自我创造的能力，展现自己的才华，这些才是真正的无价之宝。工作中给予自己的报酬，乃是珍贵的经验、良好的训练、才能的表现和品格的建立。能力比金钱更重要，因为它不会遗失也不会被偷走。

一位 IT 精英说了这样一段话：“我与另一位同学一起来到某跨国公司，我的薪水是 1.5 万元，那位同学和我能力相当，却比我少 5000 元，他觉得不公平，工作总是漫不经心，工作效率低下，几年后，他离开了，而我却做了部门经理。在他看来，工作只是为了薪水，可是，他在斤斤计较中错失了学习与晋升的机会。可是我却没有这样想过，一直是在为自己而工作。”

在很多人的头脑中，“给多少钱，干多少活儿”的想法非常顽固地保存着，要知道这个想法是错误的，如果关注“价格”，忽视“价值”，一定会让你得不偿失。对你来说，最重要的事情，就是要在工作中让自己不断增值。

王沫新进入一家企业的财务部门工作。领导告诉她，试用期半年，如果干得好，半年后加工资。

初到企业的王沫工作干劲十足，比起那些老员工来，她每天干的活儿一点也不少。两个月过去了，王沫感觉自己已经具备了很高的水准，可以在企业独当一面了，应该得到比现在更高的收入，领导不应该半年后再给自己涨工资。

王沫自从有了这个想法后，工作态度有了很大的转变，不再像以前那样认真完成领导交给她的各项任务了，在月底时，单位赶制财务报表需要加班的时候，她对其他的同事说："你们加班是应该的，我白天已经把我的工作做完了。"

时间过得很快，一晃半年过去了，领导并没有提给王沫涨工资的事，这让她感到很不平衡，于是她辞职离开了。

后来，有一天，她偶然在街头遇到一个先前的同事，谈到当初她的离开，那个同事说："太可惜了，一个加薪晋升的机会就这样让你给失去了。那时，领导看你工作扎实，有很强的业务能力，本打算在第三个月给你涨工资的，主管会计的职务也准备让你在半年后担任。可惜后来你变了，这让领导对你很不满。这些都是领导说的。"

与王沫相似的员工，需要端正自己的工作态度，不要因小失大。否则，无论你在何处工作，都不能成为管理者最信任的员工。

大家都知道，钢铁大王安德鲁·卡内基33岁就创建了美国最大的钢铁企业。他在自己的备忘录中写道："人生必须有目标，而赚钱是最坏的目标，没有一种偶像崇拜比崇拜财富更坏的了。"

认真对待工作，把工作看成是学习的机会，这才是聪明人的做法。要知道，这样不仅可以获得更多的知识，为以后的工作打好基础，同时，也可以赢得老板的信赖。

优秀员工对待工作总是满腔热忱，他们对待工作的态度不但立足于本职岗位，而且忠诚于本职岗位。

这些优秀员工的品格，既伟大又平凡，在周围人的眼中，所呈现出来的就是简单、朴素、真实，而这些优秀的品质都是不易被人觉察的。因为他知道自己在为谁工作，只有这样才能取得令人瞩目的成绩。

6　把工作视作展示自己的平台

工作就要用心，这是员工自身的财富，也是公司的财富。一个用力工作的人，只能做到称职；只有用心工作的人，才能达到优秀。用心工作是一种工作态度，更是一种工作方法和工作哲学。从平凡到优秀，其实只有一个秘诀，那就是工作上要用心一点，再用心一点。只要用心去做，每个人都能在工作中做得出色，都能成为企业中最优秀的员工。要把公司视作展示自己才华的平台，让自己更有干劲。

在海尔集团发生过这样一件事：为了发展生产，王小林被派去日本学习先进生产技术。在学习的时候王小林很细心，每一个细节她都不放过，认真地钻研，积极地进取。在学习时，她发现日本企业试模的废品率一般都在30%～60%，设备调试正常后，废品率降为2%。

"为什么不把合格率提高到100%？"王小林问日本的技术人员。日本人反问："100%？你觉得可能吗？能做到吗？"

在和日本人的讨论过程中，她了解了，这不是能力的问题，而是思想上的桎梏使他们停滞不前。

作为"海尔人"，她的标准就是要做到百分之百，没有疏忽。王小林利用休息的时间争分夺秒地学习，几周后，王小林带着先进的技术回到了海尔。

时隔不久，日本专家来华访问，见到了他的"小徒弟"王小林。她已经是分厂的厂长了，看着这些机械和一尘不染的生产现场、操作熟悉的员工和100%合格的产品，他惊呆了，他不知道这"小徒弟"是怎么做到的。

于是，他就问："这么干净的车间，你是怎么做到的？在日本,我们绞尽了脑汁也只能做到百分之二的废品率,百分之五的不良品率,做到百分之百,我们想都不敢想,你是怎么做到的?”

王小林笑了笑,“师傅,就是用心!”她简单的回答又让日本人吃了一惊。

这个看似简单又不简单的事情。原来,王小林学习回来之后,便开始着重抓分厂的模具质量工作。

她特别细心地工作,一次,她发现产品成形后,有小小的污点,她觉得这一点绝对不能马虎,于是找来技术人员一起研究。有的技术人员认为没有必要,可以放心地过关,这么一点小小的污点根本不重要,不仔细就看不出来,而且后面还有工序,再修补一下就不会有痕迹了,可是王小林肯定地说:“不行,这个有污点的产品一旦流向市场,我们的信誉度就会受影响,用户能拿着放大镜、听诊器去买冰箱,也会拿着这些东西买其他厂家的产品比较。所以,既是‘白璧’就不能有‘微瑕’,产生这个小黑点的原因就是我们的现场不能做到一尘不染。”

不管是什么时候,什么地点,是工作日还是节假日,王小林绷紧的质量那根弦,从来没有放松过。

有一次,在试模的前一天,她在检查时发现了一根头发,她想,这应该是工人在工作时无意掉落的,它就是废品的定时炸弹,混进原料中就会出现废品。她马上就想到了办法,让员工都穿戴统一的白衣和白帽。

在她的努力下,终于到达了被日本人认为是“不可能百分之百”的产品合格率。在工作当中,如果我们都能够像王小林那样用心地工作,那么,我们也可以做到百分之百!

工作是获得生命意义的过程,也是展现才智的舞台,是个人目标得以逐步确定的唯一途径,是冶炼忠诚品格的熔炉,是人生重要原则的最好课堂。

人在明确了人生的目标和自己每一个阶段的规划之后,剩下的,就是让自己始终保持一种前进的韧劲,即使遇到艰难的处境,也不要停顿下来,因为我们知道,目标就在正前方。

每个人都希望和向往自己获得高薪、高职,但是,却往往忽略了自己现在所从事的工作,同样可以让自己实现人生的价值。

一个人的一生,需要靠职业来发展,通过职业来获得成就,实现自我价值,最好的方法是根据自己的特长,规划好自己的职业生涯,主动地把握住自己的命运,让自己的职业在理想的轨道上顺利行驶,这才是精明的择业之举。

将自己的爱好、特长与工作相结合,这样,你在工作中,就可以更好地展示自己,让上司看到你的才华。

但是,在展示自己的同时,切忌让自己变得华而不实,只有不间断地钻研技能,接受新知识,不断培养创新能力,才是不断丰富自己、提升自己的正确路径。

当你从一个什么都不懂的新手成长为一个熟练的、高效的管理者时,你就会品尝到自己从前辛勤耕耘结出的丰硕果实,因为,你已经在职场中百炼成钢,你的工作经验和积累,已经成为你巨大的无形资产,这种无形资产的价值,甚至远远超出了你所积累的货币资产。

7 用业绩证明自己

所谓业绩,是指员工工作中取得的成绩、成就,是员工履行岗位责任的成果,是员工一定时间内工作目标的实现程度。

一个员工在具体岗位上,业绩作为一个重要的衡量标准,它的好坏充分体现着这个员工的真正能力,员工在职场中,必须做出与之相称的工作业绩,这是对每一个员工最起码的要求。

小吴是一个行政秘书,他的岗位让他学到了很多社会经验,也从中得到了很多启发,他每天的工作就是帮助领导整理档案、总结和会议记录。这个工作非常琐碎,没有人愿意做,几个月之前,那个行政秘书就是因为工作枯燥辞职了。

可是小吴却在这个岗位上做得很好,很多时候他都会主动加班加点,提前为某个会议做好准备,会后,他写的总结方案都让领导很满意。

有人说,小吴是傻子,这么干没有任何好处,放着省心不省心。可是,小吴坚信自己的方向,要想取得好职务,必须做出好的业绩,有了好的业绩,才会有自己的出头之日,在公司里取得了一席之地以后,薪水情况也会随之好转。

小吴就是在这样的思想指导下,把秘书的工作做得井然有序,上级领导很欣赏他,最后被提为办公室主任。

小吴以良好的工作态度,在枯燥无味的岗位上做出了突出的成绩,实在是难能可贵,这种精神鼓励我们,要在不同的工作岗位上展示出自己的风采,用自己的业绩证明自己的实力。

要想在工作中展示自己的能力,就必须要把努力创造业绩当做神圣的天职来对待,因为,在公司里,只有业绩才是硬道理。没有业绩,公司就无法运营下去。如果你无法用业绩来证明自己的能力,就算你一天到晚说得天花乱坠,也很难在公司里立足。

袁林是一家杂志社的记者,第一天来报到就得罪了总编,因为总编长得不怎么起眼,他错把一个同事当成了总编,所以没给总编留下好印象。而这个总编又是一个心胸狭隘、很爱记仇的人,在以后的工作中,他一直给袁林"穿小鞋"。

袁林总是想方设法地讨好总编,可是总编好像恨透了他,他几次想请总编去吃饭,但都遭到了拒绝,总编还动不动就责骂他,弄得他都不想干了。

可是转念一想,自己来工作又不是为了总编,而是为自己,于是他不再想方设法地讨好总编了。把心思全部用在工作上。经常去图书馆,常常写稿到深夜,这回对于总编再三再四的为难，他也不在意了，他开始逆来顺受，多做少说，踏踏实实地工作。时间长了，好像总编也不怎么讨厌袁林了，因为袁林的业绩让他看到了成效，还把很多好的采访任务分配给了袁林。

袁林写的一些新闻，在社会上引起了很大的反响，为杂志社争得了荣誉，这次总编对他彻底改变了看法，现在，总编开始关心他的工作，帮他解决一些工作和生活上的问题，在年底的时候，总编还给袁林加了薪水，他们俩人之间的那点儿小误会早已烟消云散了。

袁林用自己的业绩证实了自己的能力，同时也搞好了同事之间的关系。要坚信，不论你做什么工作，最重要的一点，就是用成绩证明一切。想要在一个单位里脱颖而出，必须用高于他人的业绩来证明你的能力，证明自己的能力，需要行动力，即使你才华横溢，但也不可光说不练。

一个新人想要求职，一天，他找到了一家正在招聘职员的公司，从人力资源部专员到主管再到副总，他都顺利地过关了，最后只等老板发话了，人力资源部专员让他明天9点来报到。

他高兴极了，第二天意气风发地来到公司，一看时间快要到了，他飞快地进了电梯，正要关门的时候，在老远处，有个老者向他挥手示意，让他等一等。可是年轻人看了看表，时间已经到了，没办法，他按了关门键。他想，老者可以乘坐下一班电梯也没关系。

出了电梯，他直奔公司，但他还是迟到了一分钟，他刚想解释，秘书说："老板还没有到，可能要等一下。"

他心里松了口气，忙说"没关系。"就在这时，刚才向他招手的那位老者走了进来，并向他点了点头，这位老者正是刚刚在电梯外看见的人。

瞬间，他的脸变了颜色，可是，老板并没有说什么，同意了他进入公司，但他知道，他没有给老板留下好印象，只有努力工作，用工作业绩来证明自己的实力。

在以后的日子里，他积极进取，认真对待工作，从没有在工作中出现过任何失误。但他还是个小员工，一直得不到提拔。他明白这其中的原因，但他并不气馁，在自己的岗位上不断创造佳绩，最后终于赢得了老板的信任，一改当日在老板心中的印象，他被提升了，做了副经理。

现在的他，还在为当初的“电梯事件”感到惭愧，但是他说，正是因为那件事，给了我上进的动力，让我无时无刻不感到，自己应该用能力为自己辩解。

戴尔·卡耐基曾经说过：“一个不能给他人带来财富的人，自己也无法获得财富。你必须持续地为他人创造价值。”你不为老板创造价值，老板拿什么去给你作为报酬？多劳多得、少劳少得、不劳不得，永远是这个社会的真理。工作中，没人去注意过程的酸甜苦辣，荣誉只会给予创造业绩的英雄。

你的能力很强吗？那么请用业绩来证明自己吧。

第五章　学会感恩，因为你的工作来之不易

在科技不断进步的今天，大部分由人来完成的工作逐渐被机器所取代，很多企业都开始裁员，想找一份稳定的工作越来越难了。或许，你会说："我有工作，而且还在考虑是否要跳槽呢！"如果你是这样想的，这也许就是你最大的悲哀，因为你不懂得珍惜来之不易的工作。

1 工作是你的立身之本

为了生活，为了家人，为了自己的目标，我们需要一份工作，你知道这份工作来之不易，应该好好地珍惜它，因为它是你的立身之本。

现在是物质生活的社会，工作是我们赖以生存的基本形式，是解决个体生存与社会发展的原动能量，工作的盲目和不负责任都是影响我们生存和发展的主要原因，会因此失去很多的机会。

刘朋和几个小哥们儿同时毕业于A大学，然后他们又一起就职于一家公司，大家说好了，要一起发展，共同创造未来。

当他们开始工作之后，最初的想法受到挫折，工作并不像他们想象的那样轻松、美好，工作环境很差，待遇也不好。

几个同学再也无法坚持下去，于是纷纷提出辞职。只有刘朋没有走，他认为，不论你在哪里工作，性质都是一样的，不努力就不会有未来，不吃苦就不会有回报。他坚信，只要自己肯于付出，总有一天会有出人头地的机会。

而那几个同学离开这家公司以后，换了一家公司，条件并没有改善，这几个人或多或少都表现出对自己当初辞职的悔恨。曾经，他们都是一些朝气蓬勃、有着远大理想的年轻人，在选择上的不慎重，造成了后来的无尽遗憾。

刘朋在公司里积极又实干，得到了老总的器重，给他一次带薪学习的机会，让他充实自己。学习结束后，刘朋以优异的成绩取得了各级领导的好评，从此他被升职，坐上了他梦寐以求的经理的位置。

大浪淘沙，能真正在无情的市场经济竞争中胜出的人毕竟少之又少，后来，当初一起辞职的几个同学中，只有一个在商界站稳了脚跟，其他人都没有找到自己合适的位置，至今仍然在频繁地更换工作。看到刘朋的成功，大家心里都很懊悔，后悔当初自己没有把握住机会。

人生就是这样，有时候机会就放在自己的眼前，而自己不想办法去抓住，当后来看清楚的时候已经晚了，世界上从来没有后悔药可卖，所以，人要懂得时刻把握好机会，只有这样，才能够开创出属于自己的一番事业。

作为一名优秀的员工，我们大部分的时间都是在工作中度过的，工作的成败几乎就等于人生的成败。只有像珍惜生命一样地珍惜工作，才会在工作中获得更高的成就。要知道："不是工作需要你，而是你需要工作。"在对工作失去兴趣，一定用这句话提醒自己。

成功的人都会意识到，努力干好工作是自己的安身立命之本，也是自己幸福生活的前提和保障。如果没有了工作，我们就失去了幸福之源，失去了实现价值的舞台，人生就会因此而失去光彩。所以，我们要珍惜工作的每一天、每一时、每一分、每一秒。

在经济危机的大环境下，很多企业面临难关，很多人面临着失业的威胁，我们现有能有一份工作，实属不易，所以更应该珍惜这样的工作机会，应该更加努力地工作，做出优异的成绩，来报答我们的公司。

可是，在我们周围，还有很多的人，不懂得珍惜机会，对待工作的态度不严肃认真，朝三暮四，一旦失去了手中的饭碗，将会后悔莫及。

曾经有这样一个职工，因为看到大多数人都下海开公司了，而且还赚了大钱，自己也想去试试。

运筹了很久，他终于有了自己的公司，但是，他没有经验，不知道怎么样来经营，在不断的尝试和摸索中，他失败了，一年就赔了将近50万。家人和他发生了争执，埋怨他不务正业，不听别人的劝告，非要开什么公司。

他先在单位里请了病假，后来因为长期旷工，被单位除了名。他在外面开公司不仅没有赚到钱，反而赔了钱，这时候想回公司去上班,也回不去了。结果是"丢了夫人又折兵",后悔自己当初没有慎重考虑,没有好好地珍惜工作,总是异想天开,最后却把工作、钱财都失去了。

不论是做事还是做人,都要量力而行,希望努力奋斗的精神是好的,但是也要通盘考虑,自己是否具备这个能力。

安琪是一个刚刚从金融学院毕业的女孩,她被分配到了建设银行的基层工作,在储蓄所当了一名营业员,她的工作态度勤勤恳恳,任劳任怨。

一次,市建设银行领导到基层检查工作,看到她非常认真地工作,就和她聊了起来。她说:"因为在求职的时候,我经历了太多的不如意,所以我很珍惜现在的工作,虽然我的薪水并不高,但是我真的很知足了。本来,我是研究生,找工作应该不是难事,但是,因为竞争激烈,我深深体会到了生活的不容易,现在我没有任何理由不珍惜这份工作。与那些刚毕业和下岗的人相比,我是幸运的,命运对我也还算公平。我一定会不断地提高自己的业务水平,掌握好操作技能,圆满地完成各项任务。"她是这样说的,也是这样做的,在她的工作中,业绩不断提升,最后领导将她提拔为营业部主任。

正是因为安琪有一种对工作感恩的态度,所以才能在职业生涯中有所收获。如果你明白了这个道理,相信一定会改变自己以往的天马行空式的思维方式,那么自己所做的工作就不再会成为一种负担,而是一种享受,在工作中也会得到更大的收获。

2 能力必须用行动加以证明

有的人已经坐上了很高的位置,但却看不到他的奋斗过程,对于自己究竟有怎样的能力，也不得而知。其实，在工作中，不论你的职位大小，只要是有真本事，别人就会佩服你，如果只是高高在上，没有实际能力，不管你的职务有多么高，也不会得到众人的信任，更谈不到赢得别人发自内心的佩服。

徐军是一个工业大学机械工程系的研究生，专业知识学得非常好，反应速度也相当快，很多东西都能灵活运用，有些点子没有人想到，他却能突然地冒出来。

但是，他有一个致命的缺点，就是喜欢夸夸其谈，却不愿意动手实践，在学校就被人称为“空想大师”。

毕业后，他来到了一家机械公司做工程师，但是，他还像在学校里一样，脑子里的点子用不完，大家都愿意采纳他的点子，所以他很受领导的器重。

领导总是鼓励徐军动手去做，这样会让他有更多的收获，但是，他并没有接受领导的建议，只是说说自己的想法，从不动手去实践。

这样一来，上级对他的印象大打折扣，后来，干脆对他失去了信心，他再说什么新的构想和设计，领导也不再理睬，没过多久徐军就被辞退了，他很难理解，心中报怨不停，认为领导嫉贤妒能。徐军对自己一直都充满自信，可是他从来都不在自己身上找缺点，说而不做，大家也没有在实际工作中，看到他亲自设计的成果。

即使你才华横溢，你的能力也需要用行动力加以证明。如果只是能力出众，但缺乏工作热情，不积极地将你的能力转换成行动，你的才华也很难引起领导的重视。

在工作中，每一阶段都可以找到更有效率、更加经济的解决问题的方法，你必定能尽快提升自己在老板心目中的分量和地位。用卓尔不凡的工作业绩说话，用实际行动来证明自己是一位无法替代的核心人物，只有这样，你才会得到老板的提拔，才会被委以重任。

麦当劳快餐店的创始人克罗克是美国社会“最有影响的十大企业家”之一，他不喜欢坐在办公室，很多时间他都会到各部门走走，看看店里的情况，听听顾客的反应，问问消费者的感受，这是他创业的秘诀。

有一段时间，他的公司面临着严重亏损的危机，但是，他在最短的时间内找到了问题的所在，这个原因就是各部门的“官僚主义”在作祟，这些主管们每天都习惯靠在椅背上纸上谈兵，把许多时间都用在抽烟和闲聊中。

没办法，他想出了一个怪招，命令人把所有的椅子的靠背都锯掉，开始很多人都认为他是疯了。但是慢慢的，大家都明白了他的用意。

这些中层管理人员走出办公室，深入基层，也开始了他们的“行程”，到处走走、看看，问一问员工的工作情况。还到现场解决问题，了解了更多的工作信息。由此可见，只有行动起来，才能够让你的能力真实地展现出来，才能真正有所收获。

公司是员工努力证实自己业绩的舞台，在强手如林的竞争中，公司是不见硝烟的战场，不管在什么时候，假如你不能做出相应的实际业绩，最终的命运，只能被当做一枚废弃无用的棋子淘汰出局。而衡量自己工作能力的砝码，就是实实在在的工作业绩。

何方在一家公司做业务，他也是刚刚接触这个行业，有些事情他总是不敢做决定。一次，外省有一个重要的业务要办，主任不在，只剩下他自己，必须完成这项任务。可是，他犹豫不决，不知道应该怎么办。

这时候，公司里有一名老职员来办理退休手续，他看到了老员工，就去找老员工聊天，老员工也猜出了他的想法，于是，老员工就给他讲了一个故事：有一个秀才进京赶考，在考试的头一天，秀才做了两个梦。第一个梦，他梦到自己在高墙上种了一些白菜。第二个梦，下雨了，自己打着雨伞还戴着斗笠。醒来他就觉得奇怪，于是就找了个算命的，给他解梦。

算命的说："这不是明摆着的吗，第一个梦，在高墙上怎么能种菜？这就是说，你不可能中！第二个梦，你梦见自己戴着斗笠还打伞，这是多此一举呀，这两个梦说明你一生注定是一事无成，还是赶快回家去吧。"

秀才心里一下子全凉了，回到客栈收拾东西准备回家。

店主看见他还没有去赶考就要回家，很奇怪，就问秀才："为什么还没考试就要走了？"

秀才就把昨天晚上的两个梦跟店主说了。店主听了之后，哈哈大笑说："我来给你解解这个梦吧，第一个梦，在高墙上种菜，那不是高中吗？第二个梦，打伞戴斗笠，那是说明你考试写的文章疏而不漏！"

秀才听了，心里豁然开朗。于是他留下来，按时去参加考试了，结果真的高中，考上了举人。

然后，这个老员工又语重心长地对年轻人说："年轻人，有些事情想是没用的，必须要用实际去做，我在你这个年龄的时候，从来不怕困难，在困难中，我们会学到很多东西，接触过很多我们从来没有接触过的东西。你去吧，我相信你一定会做得很好，只要努力就够了。"

何方听了老员工的话，勇敢地去洽谈了这个项目，结果他做得非常好，超乎了所有人的想象。不仅给公司创造了丰厚的利润，而且还和这家公司保持了很好的合作关系，一下子签下了5年的合同。

有些事情就是这样，你不去做就不会知道结果到底是什么。有些人也一样，你不去尝试，不去做，就不会知道自己究竟有多大的能力。

作为职场中的工作人员，我们每个人都要有勇气让自己脱颖而出。但是，想要在众多员工中脱颖而出，绝不是靠语言来实现的，必须用高于他人的业绩来证明你的能力。

即使你才华横溢，但缺乏工作热情，瞻前顾后，不积极地将你的能力转换成行动，你永远也不会得到领导的青睐。

业绩的好与坏直接关系到自己的工作态度，好业绩永远不会从天而降，而是要经过缜密思考、精心准备、积极行动、不断变通，只有这样才能顺利地完成任务，用你的能力解决一切困难，相信一切难题都会迎刃而解。

3 珍惜缘分，不要马虎对待工作

在工作中不马虎，不大意，认真地负起责任，是做好工作的前提和条件。每个人都要具有责任感。责任感对于一个人很重要，对公司也同样重要，一个缺乏责任感的员工是不可能获得上司的欣赏和重用的，一个缺乏凝聚力的团队也不可能创造优异的成绩。

进入一家公司，能和老板、同事共同相处，这是一种缘分，如果你珍惜这种缘，就不要马马虎虎地对待你的工作。

在工作中，不论做什么事，都不要拖拖拉拉，有的人总是喜欢把今天的事拖到明天再做。磨磨蹭蹭、拖拖拉拉的工作作风，只会降低自己的工作效率，还会造成很大的精神负担。有这种心态的人，都会对工作产生厌倦情绪，不仅没有工作激情，而且对工作的结果也毫不在意。

他们认为，工资是固定的，工作什么时候做都一样，没有什么太大的差别。这种懒惰的心理对职场员工来说，是十分危险的，我们一定要想尽办法克服这种散漫而懒惰的心理。

在职场上，心理比较成熟的人，会把手中的工作分成三种情况：很紧急，很重要，正常工作。

根据时间和事件的紧急和重要程度，来安排自己的工作和生活，这样就会改变自己一贯的做事拖拉的情况。他们会把握好时间，将事件分为主次，将重要的放在首位。

有的人做事情总爱投机取巧，这也不是个好习惯。有这样缺点的人做事不能善始善终，心灵亦缺乏始终如一的持续能力，因为不会培养自己坚定的意志，所以，无法实现自己的任何追求。

何沁今年28岁了，她的家境非常好，从小就备受宠爱，大学毕业之后又找了一个很好的工作。但是，当她进入公司，开始工作以后，她发现一切都不像她想象的那样。

开会的时候，她没有发言权，工作的时候，必须接受上司的督导，她做完的设计稿主管又说她没创意，这让她很不顺心。

由于工作中的种种不如意，她对工作失去了新鲜感，不再认真工作了，每天上班就在电脑上聊天，找一些小游戏，在工作时间偷偷地玩儿。

对于工作她总是马马虎虎，所以惹得老板和主管都非常恼火，刚刚两个月一过，她就在公司待不下去了，主动交了辞职信，开始在职场寻找新的东家。

如果在工作中，人人都像何沁那样消极怠工，公司将无法发展壮大。

很多消极的员工，虽然也很渴望有所成就，但却不愿意付出自己的辛劳，更不愿意改变自己，所以，那个伟大的想法只能成为一张草图。

一个人要想成功，就必须踏踏实实地工作，一步一个脚印地走下去。作为一名优秀员工，无论从事哪项工作，都应该葆有一份珍惜的态度，这就是你成功的秘密武器。

现在从事大多数职业，最需要的就是“精通”二字，掌握自己职业领域的所有问题，做到比他人更加精通，你就更有优势，更容易成功。反之，你马马虎虎地去应付它，那么它给你的回报恐怕也不会尽如人意。

一篇题为《英雄虎胆震长空——“飞豹”战机惊心动魄试飞故事》的文章，讲述了一个惊心动魄的关于飞机试飞的故事。

FBC—1 战机在试飞的过程中，当高度降至 1540 米时，只听“嘭”的一声巨响，前座舱盖被抛到了九霄云外。强大的气流将飞行员谭守才压在座椅靠背上动弹不得，气流的呼啸声震耳欲聋，谭守才既看不到前方的空域，也听不到耳机里地面指挥员的声音。而且，由于前座舱盖飞掉，使弹射跳伞系统失去了保险，谭守才随时都有被弹离飞机的危险，这种故障在飞行中是很少见的。

事后查明，这个事故的发生，来自飞机生产过程中，工厂工人的一个马虎大意的疏漏。原来，在工人安装座舱盖的时候，将活门螺钉装反了。

工作人员在工作中的任何一次马虎、失误，都有可能给社会造成不可挽回的损失。从事精密工作的员工，更应该精益求精，这样不但提高了他们的自身素质，同时也会避免很多灾祸的发生。

总之，一位优秀的员工无论做什么事，都应精益求精，把工作做到位，这样才能提高工作效率和工作质量，才能获得晋升和加薪的机会。

再有一种人，就是做事不能坚持到底，凡是有开头没有结尾。开始做一份工作，需要的是决心与热情；而完成一份工作，需要的则是恒心与毅力。

许多人之所以无法取得成功，不是因为他们能力不够、热情不足，而是缺乏一种坚持不懈的精神。每个人只有坚持把事情做到位、做完整、善始善终，才能得到老板的赏识，才能在激烈的竞争中立于不败之地。

年轻人应该拥有远大的理想，但是在工作中要脚踏实地，不断提高自己的实力，不断调整自己的方向，一步步地达到自己的目标。有些事情看起来容易做起来难，最简单的事情坚持地做下去，就不简单。所以，在工作中，要做到多看、多问、多做，把热情变成持久的耐心，培养自己做事的心态，把每件事都做到完美无缺，不留任何遗憾。

做事要有打持久战的决心，急于求成永远都不会成功，只能功败垂成。所以，在工作中，我们要精益求精，从一点一滴的小事开始，严格要求自己，不能做好小事的人，也不可能做成大事。只有在小事中不断总结经验，提高自身能力，才能为做大事做好准备。

有些人在工作中应付了事，搪塞敷衍，在他们看来，工作的事情不必认真，说什么"积极努力地工作"，"保质保量地完成任务"，只不过是做给领导看的一些表面文章罢了。

这种人就是一种缺乏责任心的表现，他们在工作中出现失误，不仅给公司造成无法挽回的损失，同时，也是对自己的一种伤害。

要认清工作对于自己的重要性，多想想人生的价值。让我们感恩工作，感恩工作给我们带来的充实感、快乐感和成就感。

让我们以感恩的心，去对待每一个工作中的日子，因为懂得了珍惜和感恩，人生才会更有色彩，工作才会成为一种幸福。

要知道，工作是一个七彩宝盒，一旦失去了它，我们的生活就会在顷刻间失去颜色；工作是一种宝贵的人生阅历，它使我们的生命充满了故事；工作是一幅美好的画卷，只有用心，才能将它展开，欣赏到它的美丽。

4　尊重老板，珍惜每一个工作机会

公司给每个职工提供了成长的平台，所以从这个意义上说，要真心地感恩老板给了我们这个工作的机会。

受雇于老板，就要踏踏实实地为老板工作，假如在工作中，自己的意见与老板相左，不能很好地贯彻老板的指示，那么，工作就很难顺利地开展。

当然，我们所说的感恩老板，并不是要你对老板奴颜献媚，而是要在保持自己人格的基础上，在工作中服从老板，从老板的角度去思考问题，体谅老板的难处。

如果对老板的决策、命令有不同意见，可以光明正大地提出来，如果你的想法没有得到老板的认同，作为员工，应当以服从命令为天职，不要自作主张，更不要因为自己的意见没有被采纳而怀恨在心。

如果你初出茅庐，有初生牛犊不怕虎的精神，如果你有桀骜不驯的性格，那么，现在就需要你赶快补上“尊重老板”这一课。

尊重往往是一条双行道，付出一份尊重，你将收获双份的尊重。在职场中，作为员工，要用自己的实际行动来表示你对老板的尊重。

若是在一家公司工作一年以上的老员工，对公司整体运作比较熟悉，就比较容易培养出对领导的忠诚，有机会成为老板的好帮手，所以，对员工来说不要轻易离职，应尽忠职守，做好本职工作，即使工作再辛劳，也要保持无怨无悔的态度，这样做，才能赢得老板的信任和尊重。

只要你有心学习并能以耐心接受工作中的种种考验，对工作不但不觉辛苦，反而愉悦自然，对领导尤其是老板的指令与意见全力以赴；对公司或团队要尽力维护并确保形象，有时更需要耐心接受领导或老板的说教甚至是指责，如果暂时因为误会而受了委屈，但事过之后，不心怀嫉恨借机报复，就是感恩老板的具体体现。

尊重老板，是一种真心待人、忠于人、勤于事的奉献情操，它是出自内心，而不是虚伪装出来的，感恩老板，也是职场中的最高境界，一个受惠于企业、受惠于老板的员工，懂得用行动来报答企业和领导，也是一种善行。

李新华是一个非常敬业的年轻人，在工作中任劳任怨，有时候为了赶任务，起早贪黑地工作，老板不给奖金，不发加班费，他也照样干工作。

别人上一天班，他可以上两天班。有了新项目，别人只学本组的东西，他除了学习本组的，还把其他班组的东西也学到手。

慢慢的，李新华成了老板手里的一张“王牌”，在工作中，遇到什么难题，就派李新华去。而李新华也从来不让老板失望，只要老板派他去,他就一定会把问题解决好。在工作中,脏活、累活他从不逃避,有钱、无钱都照样干,因为李新华知道,自己所做的一切,老板心里有一本账,工作的巨大动力完全是出于对老板的感恩和尊重。

李新华知道,自己是一个工人,文化程度不高,感恩和尊重的话不必多说,他是把感恩化为实实在在的行动,做好老板交给的每一项工作。

李新华准备结婚了,可是他却身无分文,眼看婚期就要到了,他正在为这件事着急。

有一天,老板把他叫过去了:“小李,听说你要结婚了,你得买东西呀,有困难你就跟我说啊!”

李新华觉得,可能是厂长在安慰自己,他从来不敢想从老板那里借钱。不过,他太需要钱了,于是打了个电话给老板,他在电话中,坦率地说:“老板,那天你说借我钱是真的吗?”

老板听后,只说了一句话:“你现在就过来拿吧。”

李新华来到老板的办公室,这时,老板把秘书打发走了,然后从抽屉中拿出五万元现金,然后对他说了一句:“拿去用吧,等你什么时候有钱了,再给我。”

李新华接过钱之后,激动得话也说不出来,他望着老板,心中暗想:“这就是平时看起来高高在上、在工作中容不得员工有一丝马虎的老板吗?”

其实他不知道,老板之所以这么做,这一切都源于他平日里对老板的尊重和感恩。

几乎所有的优秀员工,都有一个共同的特点,那就是懂得在工作中尊重老板,用努力工作的实际行动,来回报给我们提供生存和发展机会的平台。

可是,公司里也有一些人,他们总是在抱怨自己如何辛苦,抱怨工资低,待遇差,抱怨老板不重视自己……其实,这是他们自己的心理在作怪。

你有没有想过,你的工作来之不易,是老板给你提供了这个环境,让你有所发展。没有老板的器重,没有老板给你的薪水,你就不会有较好的生活条件。

你如果不懂得用认真负责的态度来回报工作,用一颗尊重感恩的心来对待老板,只是用抱怨来代替努力,这样的人,又怎么会得到公司的重用?所以说,懂得尊重和珍惜,不仅是做人的本分,也是获得事业成功和人生幸福的大智慧。

5 每一份工作中都蕴藏着富矿

工作机会对于每个人来说都是难得的,因为,在工作中,我们获得的不仅仅是金钱,工作的内在的意义,就像一座未曾开采的金矿。只要我们有心,就会找到开启这座富矿的钥匙,从而让自己变得富有起来。

工作的机会,并不是每个人都能把握得住,这需要具备恒心、耐心、真心,它才会给我们提供更好的成长空间。

古语云:“书中自有颜如玉,书中自有黄金屋。”我们说:“生活纵有不如意,工作自有黄金屋。”

能够在工作中开启“黄金屋”的人,一定是能力超乎常人的,他们对待工作的态度就像对待知识一样,学无止境。如果不能对工作产生正确的信念,人就没有了动力,也找不到生存的意义。让我们在工作中努力探索这座蕴藏丰富的金矿,让自己因为工作而富有,成为世界上最幸福的人!

小辛是一个打工族,因为家庭条件不好,她早早就出来打工赚钱了。

在她的职业生涯中,经历了许多常人所没有经过的事情。她做过小保姆、清洁工,扫过大街。在给人家做小保姆的时候,偏偏遇上了一个很难伺候的雇主，她经常受雇主的气，她每天早早就要起床，去洗衣服，收拾房间，这家主人很苛刻，从不让她一同上桌吃饭。她只能在厨房吃剩下的饭菜，可是她从来不发一句怨言。

也许是从小吃惯了苦的缘故，她自己并不觉得生活有多么苦。后来，她的一个同乡知道了她的事，主动找老板商量，让她到公司里当了一名清洁工。

她开始做清洁工之后，不怕脏、不怕累，在这个公司里，她做出了令人瞩目的成绩。因为她自己知道，在她的世界里，工作的机会就是上天赐给她的最大的礼物，她努力干好每一份工作。在她的手中，打扫卫生也同样做到了最高的境界，后来被评选为"全国十佳劳模"。

在表彰大会上，她说："以前，我是个穷人，但是，是现在的工作让我富有，在工作中我好像找到了金矿，那是无价的金矿。它也是我一生的富贵，还有老板的赏识，如果没有老板的认可，我也不会做到今天，更不会做到现在的成绩。"她的话虽然朴实无华，但是，她所做出来的业绩却是不容小视的。

要知道，工作的场地就是施展才华的地方，努力地工作，施展出才华，才能发现人生的金矿，让自己变得富有。

琳娜是一个下岗工人，原在纺织厂工作。因为企业不景气，很多人都下岗了，她也在下岗之列。

下岗后，琳娜的心情很郁闷，虽然家里的条件还可以，但是她总觉得，人活着总要干出点事来才不算白活。于是，她就自己去跑市场，在市中心租下一间门脸，自己开起了服装店。

有以前在纺织厂工作的经验，她就在衣料的质量上下工夫，她凭着自己的经验，进了很多好面料，虽然衣服的款式都大同小异，但是，面料的质量却相差很大，她为人和善又热心助人，小店开张不久，就有了好多忠实的主顾。

一年以后，她的生意越做越大，开始从外地直接批发服装，最后，经过自己的努力，把一件小铺面发展成了大公司，有了自己的品牌和服装设计部，她做了总裁。

她自己却说："我最大的财富不是金钱，而是一种工作的成就感。从开始创业到现在，可以拍着胸脯说，我从来没有感到过苦和累，只是感到工作的充实，在工作中，我发现了无数的机会。所以我认为，自己得到的不是金钱，而是真实的精神收获。"

虽然在个人生活中，并不是每个人都能像琳娜一样创业成功，找到属于自己的金矿，但是，要坚定地相信一点，生活中不是没有金矿，而是我们没有耐心和勇气去开采它。

如果有了自己的目标，肯于积极努力，有责任心，为了事业不懈地奋斗，工作所带给我们的收获，一定会超出我们的想象。

6 是金子总会发光，不要怕被埋没

社会上有才华的人很多，为什么有的人能够成功，而有的人却庸庸碌碌，最终一事无成？

要知道，并不是所有的金子都赤裸裸地躺在地面上，等着你去拣，而是需要人们耐心地从河水中千百次地淘洗，正所谓沙里淘金。

那些成功者，都是善于给自己找到机会的人，把自己磨炼成一块闪闪发光的金子，让自己的光芒更加耀眼，千万不要因为一时的挫折就选择随波逐流，不思进取。如果是那样，即使你才华横溢，最后也会变为一个平庸者。电视剧《乔家大院》中有一个人物马公甫，给人留下了深刻的印象。

马公甫是祁县马家堡人，开始在包头一家小杂货铺里当记账先生。他觉得水浅养不出大鱼，便瞅机会结识了复盛公字号的大掌柜，于是，他改换门庭，来到了大名鼎鼎的复盛公字号里。

大掌柜也赏识马公甫是个人才，意欲栽培，便安排他到账房里帮助记账。可是，账房大先生却颇有排外心理，一口拒绝了大掌柜："账房里人手够了，不用他帮忙！"当时，账房大先生全面打理生意，在复盛公也有很大的权势，大掌柜在账房先生面前也不能太独断，只得对马公甫另行安排。可眼下复盛公一个萝卜一个坑儿，没有空位，便把马公甫闲置起来了。

这马公甫很勤劳，又能屈能伸。他知道账房里不要他，便也不为难大掌柜，他主动去后院里做起了下等的杂役，打扫庭院，喂马出粪……每日早起晚睡，十分勤快。他干脆把长袍脱了，换上了短袄，俨然就是复盛公的一个下等伙计。寒来暑往，一晃就到了一个账期。按照惯例，大掌柜要回祁县向乔东家汇报账目。但因大掌柜年事已高，腿脚不便，他就想委托助手们代劳。可是，身顶八厘生意的掌柜们都慑于老东家乔致庸的威望，谁也不敢回去交账，生怕被东家看出破绽，出了丑，于是你推我让，大掌柜一时难以定夺人选。

不料，这件事在复盛公号内由上而下传开了："这么大的复盛公竟然选不出一个敢见东家的人来！"消息传到马公甫耳朵里，马公甫便笑了："东家又不是老虎，怕什么呢！咋就不敢见？"

"哎！你倒是口气不小，你知道东家财主是什么人？莫非你敢去见？"伙计们取笑他。

马公甫却一本正经地说："见一见东家怕什么呢！"

"莫非你真敢去见？"

"嗯！只怕大掌柜不用我呢。要用我，我就敢去。"

这时，马公甫只是一个打杂活的下等伙计，他如此口出狂言，引得伙计们纷纷嘲笑他。于是，他的话又从下而上传到大掌柜耳朵里。

大掌柜正愁没人呢，便叫来马公甫说："你真敢去见东家?"待马公甫答应后，又和身顶五厘生意以上的掌柜们说："你们如果都不去，我只好另派人选。"

最后便选定了马公甫去见东家。马公甫听了账房的介绍和大掌柜的交代，准备启程回祁县时，问大掌柜："要是东家问我顶多少生意，我怎么回答?"

这一问，给大掌柜提了醒儿："是呀！字号里从来没有让小伙计去向东家交账的先例，不顶五厘以上生意，哪能见东家！这样做成何体统？他便告诉马公甫：如果东家问，你就说顶五厘生意。"

马公甫本来精明能干，又通晓账务，平时也留心复盛公号里的事。所以，他见东家乔致庸时，不仅把手里的账交代得一清二楚，而且东家问起复盛公的事来，他应答如流，好像心里还有一本账。乔致庸见他虽然年轻，却思路敏捷，口齿伶俐，又不卑不亢，知道是个人才，便暗暗赏识。

这时候，马公甫本来已交账完毕，可他却又"节外生枝"，干涉起乔家的"内政"来，他说："老东家，我还有话想说。复字号里自从乔、秦两位老东家创业以来，咱乔家之所以长盛不衰，秦家之所以日趋衰败，就在于咱乔家三辈子都有守德敬业之人。可是，自老东家往下看，少东家们贪图享乐，争比奢华，而且随便干涉买卖，这样下去，若老东家百年之后则无人能当大任，望老东家念及祖宗创下的百年基业，严肃家政，教子弟们守德敬业……二少东家在包头任性闹霸盘，教训惨痛呀！"

一番话，揭到了乔致庸的短处、痛处，也说到了乔致庸的心坎里。若按常人看，此人年纪轻轻，竟敢干涉乔家内政，竟敢教训到威望极高的老东家乔致庸头上来了，实在是胆大包天，实在是轻狂无礼。可乔致庸与常人不同，他时刻挂记乔家的昌盛，说话办事想问题,都要围绕他的家业。他想道:此人能替乔家考虑百世家业,足可以看出他的忠心和远见。乔家除了我,没有第二人这样想,掌柜里边除了这个马公甫,大概也没第二人……这样既忠心又有才干的人,难得啊!因此,乔致庸对马公甫不仅不恼,反而刮目相看,备加器重。

他问马公甫顶着几厘生意,马公甫便如大掌柜所说,回答道:“顶五厘生意。”

此时,复盛公大掌柜年龄不小,乔致庸正在物色人选。他觉得这个马公甫年轻有为,堪当大任,便有意提拔他。于是,乔致庸说道:“你回去告诉大掌柜,再给你加四厘,顶成九厘生意!”

顿时,马公甫受宠若惊:大掌柜让他顶的五厘生意,只是口头说说而已,是为了应对老东家的,想不到老东家当了真,要真给他加到九厘生意,实在是万幸啊!要按常规,他要顶上九厘生意,至少得熬20年哪!

马公甫经过这次向东家交账被赏识,一下子便从一个小伙计升到了九厘生意。这九厘生意不仅可以在收入上多分红利,而且意味着在权力上仅次于身顶一股生意的大掌柜了。由此,包头复字号内留下了“马公甫一步登天”的佳话。

复盛公大掌柜本来赏识马公甫,也颇领会老东家的用意,再加上自己年事已高,所以复盛公里的事有意倚重马公甫。马公甫便在复盛公里渐渐地管了事,他不怕得罪人,严肃号规,整顿纪律,使复盛公面貌一新;由于他懂业务,会经营,从此把复盛公的生意推向了一个新的高度。

大掌柜退休后,他理所当然地坐上了大掌柜的交椅。再后来,因三大老号之一的复盛西连年亏赔,老东家又让马公甫兼了复盛西大掌柜。三大“复”字号天长日久,有许多陈规陋俗束缚发展,正需马公甫这样年轻有为的掌柜大刀阔斧地革除弊端,弃旧图新。从此，马公甫成了乔家字号里唯一身顶二股的掌柜，为已有百年历史的复字号的中兴立下了汗马功劳。

人才的价值，在于用对地方，人才在越是需要人才的地方，才越能发挥人才的作用，体现人才的价值。有个农夫很想在地下挖到钻石，但在自己的地里一时没有挖到。于是，他卖了自己的土地，四处寻找可以挖出钻石的地方。而买下这块土地的人坚持辛勤耕耘，反倒在这块土地中挖到了钻石。

这个故事给予人们的启示是：财富和成功不是仅凭奔走四方发现的，它属于在自己的土地上不断挖掘的人，它属于相信自己有能力"整治自己的草地"的人！

每个向往成功、不甘沉沦者，都应该认识到：你自己就是一座金矿，关键是如何发掘和重用自己。

应当说，争取成功，哪怕是小小的成功，对一个人树立自信意识都是极为有益的。但在实际生活中，事情往往不会一举奏效，一试就成；也不一定会遇到某个非常赏识你的人，帮助你鼓足勇气，实现理想。

在这种情况下，我们又依据什么来树立和强化自己的自信意识呢？真正的自信意识和积极心态，不单单只是出于一个美好的心愿和一时的冲动，也不能指望初步的成功来坚定自己的信念。

许多成功人士之所以成功，就在于他们学会了"整治自己的草地"，开发出自己的潜能。所以，我们应该重新认识自我，因为富矿就在你自己的心中！自信的真正含义，就是实事求是地认识自我，发现自我。应当坚信，在你自己家的土地里，一样蕴藏着丰富的金矿，有了这样的信心，你自然会心无旁骛、坚定不移地去整治自己的草地。

7　人生路有千万条，脚下一条最重要

很多人工作了一段时间以后，就会感到困惑："这个工作适合我吗？我该怎样选择属于自己的路？"

其实，人的一生会面对很多次选择，在选择职业的时候，一定要慎重，选择职业，是你一生成败的起点。有时候，时机就在你的身边，只是你没有发现它的存在。

当我们经历了一些挫折之后，你会发现，只有脚下的这条路最适合自己。只要我们有信心，能够坚持下去，相信自己一定能够成功。

首先要找准自己的定位，让自己持久地发展下去，其次，是善用资源，集中精力，在自己的职业道路上发展，而不是像天女散花那样"多元化发展"，到处尝试，是职业发展的大忌。

人在接触社会之后，应该明白自己的特点，了解自己的长处是什么，了解自己所从事的职业的本质，了解自己和职业要求之间的差距，需要仔细地比较各个方面要求的差距。在明白了社会要求的同时，扬长避短。

但是，在职业发展的道路上，人都非常容易受到来自外界的干扰，给自己定位不准。优秀员工总是懂得，在分析自我特点的时候，扬长避短，确定职业方向。

王珊，研究生毕业后独闯广东。凭着自己的学历和工作经验来到了一家合资企业公司，被聘为这家公司的总经理。在他的手下，管理着80多个员工，而管理员工的工作并不好做，他每天都要尽心思考，怎样管理好人员，每天三点一线地跑，弄得他疲惫不堪，感觉工作非常沮丧，自己好像一下子从天堂掉进了地狱。

可是他不甘心，不愿意自己的生活从此停滞，于是，他开始

利用业余时间向有经验的经理人讨教,最后,他得到了经验,想要管理好员工,就要发现他们的爱好,抓住每个人的特点,有了这个"要害",很容易与员工打成一片,不怕管理不好。

于是,他认真投入工作,这次他做得非常好。

对于自己的工作,王珊总结说:"不管你是做什么行业的,只要你干一天,就要有一天的样,这样,在自己的岗位上,才能发现自己的重要性。才知道这条路适不适合自己。"

其实,人生的路不管你选择的是什么,只要自己用心去做,就会发现其中的乐趣,也才能在这个岗位上发挥得出色。

关伦在一家建筑公司做副总经理。几年前,他还是一名送水工人。在做送水工的时候,他从不像别人那样,抱怨工资太少,在工作中从不偷闲,勤勤恳恳。

在一次施工中,他无意中帮助总经理创造了一个新的方案,让总经理发现了他的能力,后来把他挖了过来,在工地上帮忙。几年后,提升他做了总经理助理。

关伦的经验就是:"不管我做的事业怎么样,我努力了,我一直在为了自己前进而拼搏,这就足够了。我不需求更多,我认准了这个道理。"

工作中,只要我们给自己找准了路标,不管多么艰难,都要义无反顾地走下去,即使前方涌现出千万条路,走好脚下的这条,才不会迷失方向。

8 慎重对待高薪"挖人"的机会

作为一个员工,应该建立一个基本观念,即:现在的社会,是一个高竞争、快发展、产品周期短、形势变幻莫测的时代,因此,顺应社会变动就显得尤为重要。

当诱人的高薪摆在面前时，很少有人会不动心，但是，如果衡量一份准备投入一生的事业，就不能只看薪水的多少，只为高薪，选择一个新的工作，其实是很短视的做法。选择职业，应该考虑的不止是薪水，只有那些可以增强自己的专业能力，更能了解产业发展、拓展人际关系、整合资源、建立创新型人生状态的事业，才是自己所要追求的工作。工作是为你自己，所以，不要懒惰，不用报怨，不要消极，不要怀疑，不要投机取巧。

你可以跳槽，其实每个槽里都放着同样的食物，又何必辛苦地挑来挑去，甚至也不知最终选择的结果会是怎样。

无论你在哪里工作，都是在为自己工作，都是在为自己奋斗，你根本不需要"作秀"给别人看，因为你在为你自己努力，你的品质、你的行为、你的精神，都将会为你自己带来最大的收获。如果你想获得成功，你必须改变浮躁的想法，树立为自己工作的观念。因为当你树立为自己工作的观念时，你会发现，工作不再是一种劳役，而是一件美好的事情，你会充满热情地完成你的工作，而不是机械地完成任务，你将不再为薪水的高低而犹豫，而是为实现自己的自我价值而奋斗，你将不会偷懒，尽量少做一些，而是尽力多做，因为你要在工作中，实现你的人生梦想。

马佳所在的公司获得了快速的发展，平均每天的销售额上千万元，各种媒体长篇大论地报道公司的成功业绩，全国各地的企业家、政府官员争相到公司考察、观摩，许多外国商人也闻风而至，一时订单如雪片般飞来。

最初，马佳是公司的一个普通小职员，却在1999年被晋升为市场部经理，负责市场拓展工作。在这家大公司，一个部门经理是一个十分不起眼的角色，但是，却有很多同行和非同行的大企业争先恐后地找他谈话，企图把他"挖"过去。

这些"挖"马佳的企业，都开出了不菲的价格，最高的开到年薪150万元，而且许诺给他的职位也相当诱人，都在副总经理的级别上。

当时，马佳的薪水不高，每月才1万多元，加上奖金，一年不超过20万元。面对高额的薪金和诱人的职位，马佳不为所动，因为他对老板怀着深厚的感激之情，是老板把他从一名小职员培养成为部门经理的，他不希望自己成为一个无情无义的人，为了追求高薪而离开他的老板。

对于初入职场的人来说，收入多少不能证明一个人的能力，因为，至少在30岁前，一个成熟理智的人，都应该具有为将来打基础的思想准备。

尤其是刚刚走出校门的大学生，在选择自己人生第一份工作的时候，大多存在一定的盲目性和浮躁心理，以为只要收入好就行。

其实，如果人在年轻的时候，没有为自己认真地做一个长久的职业发展规划，势必无法实现获取高薪的美好愿望。

人生第一份工作，一定要慎重，选择的标准绝对不是薪水的多少，而是发展的机遇。这是一个积累知识、经验乃至教训的黄金阶段，要充分利用自身年轻的优势和公司所提供的机会，去努力学习、成长。这个阶段的基础打得是否扎实，将决定未来薪水上升的空间会有多大。

曾经有人调查过，大多数法律系毕业生，走出校门后选择的第一职业都是律师，但是，他们没有律师职业资格，只能做一些调查取证的工作，收入也少得很。但是，几个月后，他们考取了职业资格，实习期过后，他们就是真正的律师了。

但是，因为年纪轻，不少当事人或者律师所的合伙人并不放心把重要的复杂的案子交给他们去独立处理，他们接的都是别人不接的"小官司"；给经验丰富的老律师当下手，学习处理案子的实践方法；抽空翻阅卷宗……随着时间的推移，加上这些人本身的素质过硬，遇到困难的时候他们不会想着去跳槽，因为他们知道不管是在哪里，只有通过自己的努力才能取得优异的成绩。只有坚持自己的主见，发挥出应有的能力，美好的事业才属于自己。

寻求更好的发展空间，获取更高的薪酬待遇，这是每个人都追求的目标，但一次不谨慎的跳槽，很有可能对个人的发展造成不可挽回的损失，特别是那些频繁跳槽的人，更应该谨慎对待。其实，频繁跳槽不仅是对生命的浪费，而且还会严重影响到自己未来职业的发展。

李伟因为前途和钱途，选择进入众人艳羡的大学里工作，她的收入也证明了她选择的正确性。可是，她就是“身在福中不知福”，好比穿着一双形、色俱佳的名牌鞋，却怎么都觉得不合脚。于是，在一年合同到期时，她并没有续约，而是趁着年底跳槽的大潮，进入某事业单位，担任主任的助理，年底协议，节后上班。

原以为换了单位，性质不同，每天朝九晚五足够清闲，可没想到自从报到起，李伟惨到每天要靠上网聊天来打发时间。没有领导给她安排工作，也没有同事和她说话，占着座位不干活的8小时，度秒如年……直到几个月后，李伟才逐渐摸到门道：每年的公历年底到春节期间，是单位年度阶级斗争时间。当时请她做助理的那位主任已在斗争中被架空，正处于无权、无势、无项目的隔离状态，所以，她很后悔不该当初草率跳槽，但是结果如此，再也没有返回的余地了，只好再次跳槽，在一家小型管理公司做了职员。

很多人在决定跳槽的时候，都没有对自己目前的事业发展作出正确的判断，对自己跳槽的举动欠缺理智的判断，因而在跳槽后，一事无成，后悔莫及。所以，在想要跳槽之前，一定要审时度势，结合自身的实际情况，本着对自己负责的态度，做出谨慎的选择，切莫因为一时冲动而犯下不可挽回的错误。

第六章　提高业绩，用能力证明一切

为什么你的薪水迟迟不能提高？为什么你的业绩不如人家？如果你希望自己成为企业的中流砥柱，那么，从现在开始，走出迷茫与彷徨，努力做好本职工作，真正的优秀员工从来都是用业绩说话的！

1 专心致志是提高业绩的唯一途径

有这样一句话:“三百六十行,行行出状元。”不管干什么工作,只要专心致志,勤奋学习,刻苦钻研,就能成为行家里手。可是,现实生活中,并非谁都明白这个道理。有的员工一味地抱怨自己岗位平凡,认为“英雄无用武之地”;有的员工好高骛远,不安心本职岗位,总是“这山望着那山高”;还有的员工,耽于享乐,不思进取,满足于平平安安过日子,稳稳当当拿工资,这样的精神状态,当然不可能干出骄人的业绩来。

我们应该戒除浮躁心态,激发爱岗敬业、潜心钻研、开拓创新、有所作为的热情与动力,聚精会神地投入本职工作,只有这样,才能创造出属于自己的天地。

石屏自少年时代起,就立志学习航空,报考大学时第一志愿就是:飞机设计。他专心致志地工作,终于创造出了惊人的业绩。

经过紧张的设计研制,K—8要做第一次全机静强度试验,这是验证整个飞机结构设计正确与否的重要一关,也可以说是对新机的生死考验。“五花大绑”的样机在逐渐加大载荷时,偌大的厂房,静得如同无人一般。人们屏住呼吸,紧张地看着仪表,70%……80%……90%……95%,突然,“轰隆”一声响,机翼折断,试验被迫停止。人们都惊呆了,像一块厚厚的乌云压在试验厂房里,空气显得格外沉闷,参加试验的设计人员心情更是沉重。试验失败,对飞机的研制影响太大了,这个责任也太大了。不少人背上了思想包袱。心情十分混乱的石屏,看到现场的情况,镇定地对设计人员说:“有失败,就有成功,我们要认真查找失败的原因,不要有包袱。我是飞机总设计师,这里的责任首先由我来负。"简单的几句话，不仅宽慰了大家的心，更振奋了大家的精神，增强了信心。不久在石屏的带领下，大家分析查找了原因，原来是一个加强肋的失稳造成，经过改进，在第二次试验中取得了成功……

有一年冬天，石屏和妻子都出差到东北做试验，这一去就是两个多月。留在家里的，只有两个年幼的儿子，平时都在食堂买饭吃，可临近过年了，父母还没有回家。兄弟俩看到邻居都张罗着办年货，搞卫生，家里还是冷冷清清，非常着急。

到了除夕这天，家家都张灯结彩热热闹闹，街上辞旧迎新的鞭炮也不断响起。由于没有电话，哥儿俩还不知父母能否回来，感到分外的孤独和难过，越来越盼望着父母早些回家，可是到了傍晚，仍无动静。

就在夜幕降临，兄弟俩彻底失望之际，门响了，父母回来了，兄弟俩一阵高兴，猛扑到父母怀里。已经十分疲劳的石屏，放下行李，就到厨房生火做菜，当电视机里春节晚会的帷幕拉开，一桌热气腾腾的饭菜已经做好，团圆的气氛、暖暖的亲情，融化了他们在外试验的辛劳。

一般来说，一种新飞机投产都要经过十多年的设计、研制、生产试验周期，而K-8却只有短短的三年。无疑，这些时间要以分秒来计划。作为总设计师的石屏，更是带头上阵，争分夺秒。有人做过统计，从方案论证起到飞机试制成功，他从没休息过一个节假日，每天总是早出晚归，难得和家里人说上几句话，生活简单到了极点，一门心思都放在工作上，为此曾经闹出了不少笑话。一天，早上下雨，石屏拿起伞，蹬上鞋就往外走，到路上，只见有人好奇地看着自己，他不知道怎么回事，心里觉得纳闷，不一会儿觉得一只脚暖暖的，一只脚却冰凉冰凉，低头一看，不禁自己也笑起来，原来自己一只脚穿的是黑布鞋，另一只脚穿的是白球鞋。

就是这种对工作高度专注的精神，才使他在飞机试验这样的重要项目中，起到了中流砥柱的重要作用。

一个人如果不能专注于自己的工作，是很难把工作做出成就来的，那么，具体怎么做，才能提高专注精神呢？是否需要深居山中或搏击逆流等特别的修行呢？其实不需要，只要在这个凡俗的世界里，一心扑在工作上，也就可以了。

所谓精进，就是指一心扑在工作上，专心致志于眼前所从事的工作。这是提高自我身心修养、砥砺人格的最重要、最有效的手段。

一般常见的想法认为，所谓劳动，是指为获得生活所需的衣食、报酬的手段，尽可能缩短劳动时间获得更多的薪水，其余时间按照自己的兴趣或业余爱好度过，这才是丰富的人生。

在持有这种想法的人中，有人认为，劳动似乎是人人都不愿意做，却又不得不做的事情。但是，劳动对人类来说，具有更深远、更崇高的价值和意义，不管是体力劳动还是脑力劳动，都要有一个“专”字作为支撑，只有那些专心致志、一心扑在日常工作上的人，才能获得成功。

专心致志于一事、持续不断地努力，通过日常工作中的精勤，精神境界自然得到提升，进而形成“厚德载物”的人格。

拉丁语中有一句谚语：“与其完成工作，莫如完善做工者的人格。”人格的形成也是通过工作的完成而实现的。也就是说，人的意志在日常工作中得到了磨炼。

埋头干好本职工作，想方设法，不断努力，这样做，意味着珍惜人生中的每一个今天，珍惜此时此刻的每一个瞬间。

对于每一个员工来说，必须认真地过好每一天。生命只有一次，万万不能浪费，要真挚、认真地活好每一天，继续这种看似朴素的生活，平凡的人不久也将变成非凡的人。

世上所谓的“名人”，在各自的领域达到顶峰的人，每个人都经历了这个过程。劳动，就是这样，既创造经济价值，又锻炼人格魅力。所以，“精进”并不需要脱离世俗的社会，工作现场就是最好的磨炼精神的地方。

2　遵守制度是保证业绩的有效法则

孟子曾说：“不以规矩，不能成方圆。”在日常生活中，“规范”和“制度”是无处不在、无时不有的。大到一个国家，小到一个企业，都会有它的规章制度。

在企业里，规范和制度是组织正常运营的最基本保证，公司的每一个部门，都会依据本部门的职能制订相应的规章制度，以保证本部门工作顺利、高效地进行。生产部门制订的规章制度，是为了提高公司的生产效率和保证产品的质量，以提升公司的形象，人力资源部门制订的规章制度，是为了更好地为公司招募和培训人才等，以提高公司的人员素质……所以说，作为企业中的一员，不论你是谁，都应该严格遵守企业规章制度。制度面前人人平等，只有这样，才能提升个人的职业素质，企业才能做大做强。

今天，公司管理正在逐渐地向制度化管理过渡，在任何一个公司里，严格遵守规章制度，对于每一位公司的员工来说，都是职业精神的一种体现，制度面前人人平等，只有这样，才能提升个人的职业素质。在工作中，员工应该时时刻刻督促自己，努力做到严格遵守职业规范和公司制度，进而实现与公司共同发展的大目标。

优秀的员工懂得增强自我约束能力，达到“自我管理”的高度，每一位员工都应该遵守公司的制度，按照公司制度办事。因为你在遵守规章、按照公司制度办事的同时，也就证明了你站在了公司的立场。

作为企业员工，不能忽视制度的存在，不能让事情牵着鼻子走，对待工作应该有一些需要坚持的原则。当然，不是要求你固执己见，而是要你尊重制度,维护制度的权威性。

有的人工作多年,已经成为职场的"老油条",在工作中,他们的随意性很大,完全没有自我约束的意识。比如,领导不在的时候,就会偷奸耍滑,能少做就少做。

要知道,公司的制度既然定下来,要是要求所有人遵守的,这也体现了员工对公司的尊重。如果你不约束自己的行为,随意违反公司的制度,老板会认为你不太看重这份工作,把办公室当做消遣的地方,必然会影响更多的人犯同样的错误,影响整个企业的风气,如果你是老板,你能够容忍团队里有这样的"害群之马"吗?

在工作中,很多事情都有可能发生变化,人们做事情需要灵活多变,但是,在任何时候,绝对不可以随意破坏制度。

在工作中,能够坚持按制度办事的员工,能够得到老板的信任,因为这样的人,能替公司和老板保守机密,凡事有所为有所不为。

就拿考勤制度来说,每个单位都有自己的一整套管理制度,遵守制度,是员工最起码的职业道德。员工进入一家企业,首先应该学习员工守则,熟悉组织文化,以便在制度规定的范围内完成自己的职责,发挥自己的能力。

员工应当按照约定的时间准时上班,没有特殊的情况,尽量不迟到、不早退、不请假,保持良好的出勤记录。有的人对此很不以为然,考勤嘛!早一分钟晚一分钟,有什么关系呢?其实,有这样想法的员工,并没有认识到考勤制度对于一个单位的重要性。

试想,单位规定的上班时间是早上8点30分,有人8点20分就到了,有人8点30分到,也有人8点40分才到。如果单位没有什么重大的事情,上班早晚是没有什么大妨碍的。但在关键时刻,或许就会因为迟到了10分钟,而耽误了重要的工作,从而给单位带来无可挽回的损失。

在公司,请假和迟到一样,都会给他人带来各种各样的麻烦。因为,在大部分企业中,一般都是定员定岗,也就是俗话说的"一个萝卜一个坑”，不管是什么原因请假，由于你的缺岗，企业就要付出额外的精力来调整人员的工作安排。这就有可能导致企业在工作上的被动，从而给企业带来一些不必要的损失。

在都市中，堵车和误点是经常发生的事，所以，只要提前估计一下交通情况，选择适合的工具，除非是遇上意外，不然的话你必能准时抵达公司。你应该对此早做准备，养成提前上班的好习惯。

优秀职员一般都非常注重企业的“纪律”，极少有迟到的。有的员工未能赶上班车，便会毫不犹豫地打车赶去上班，因为你作为企业的一名员工，有责任遵守公司的一切规定。

当你违背了公司的规定却没有足够的理由时，形式上的惩罚并不能掩盖你对自身责任的漠视。比如，你上班时迟到了五分钟，公司可能就扣掉了你当月的奖金，你很可能对公司的处理愤愤不平：“不就迟到五分钟吗？有什么了不起的，也不会有多大影响。”其实，如果你仔细反思一下，假如公司的每个人都迟到五分钟，那会怎么样？你违背了公司的规定，公司如果没有对你进行处罚，那么对别人呢？公司的规定岂不是形同虚设？

有的人由于不适应工作时间和工作节奏，因此常常会有刚刚上班就盼望下班的念头。每天下班时间一到，第一个冲出公司大门的员工，在别人的眼里，肯定是不喜欢目前的工作，随时准备放弃这份工作的人。

在韩国三星数据系统（北京）有限公司，所有员工每年拿的都是一个固定数字的薪酬，没有单独的加班费，也没有奖金，而年薪的等级和数额是一年考评一次，调整一次。那么，公司是靠什么方法让员工认真负责、兢兢业业地做好自己工作的呢？答案是自律。

遵守企业制度不能算是品德范畴的东西，它更成为了用文字明确下来的一条条规定，不应该有着太多的感情的色彩。很多人的自身价值、创造力的实现，都依赖于职场这个平台，如果你希望为自己赢得更大的舞台，最基本的做法就是遵守企业制度。

3 早来晚走，汗水不会白流

企业中员工应该发扬“早来晚走”的工作精神，这样做虽然会让你比别人多付出一些劳动，但是，你得到的回报也会比别人多：你会赢得良好的声誉，增加他人对你的信赖和关注，获得晋升和加薪。

早来一刻钟、晚走一刻钟，看起来只是一件小事，但是，透过这件不起眼的小事，我们看到的本质，是一种积极的工作态度，它正反映出员工对本职工作的热爱。

是否遵守劳动纪律，能直接反映出一个人的工作态度，如果员工闹情绪，直接的表现就是请假、迟到、早退。凡是能早来、晚走一刻钟的人，都比较热爱自己的工作，只有热爱自己的工作，才能把工作做好。人们常说细节决定成败，养成好的工作习惯，可以决定你的命运，可以让你掌控工作和命运的主动权，这是个人职业成功的关键。

大凡成功的人都具有一个共同的秘密：比一般人更勤奋、更努力，相信每一位立志成功的人，都不会吝啬那一刻钟。

如果你希望自己从平凡到卓越，做到尽职尽责还是远远不够的，要求你比自己分内的工作多做一点，比别人期待的更好一点。你虽然没有义务做自己职责范围之外的事，但是，你可以选择主动工作的态度。

在职场中，主动工作是一种备受青睐的素养，它可以使人变得更加敏捷，更加勤奋，无论你是一名管理者，还是一名普通职员，“早来晚走”的工作态度都能使你从竞争中脱颖而出。你的老板，你的上司和客户都会因此更加关注你、信赖你，从而给你更多的机会。

每天多做一点工作，可能会占用你的休息时间，但是，你的行为会使你赢得良好的声誉，并增加他人对你的信赖，这种价值是无法用价格衡量的。

小丽刚刚进入一家新公司工作，她每天都提前半个小时到办公室，当别人匆忙赶到时，她已经打扫好办公室，不慌不忙地开始一天的工作了。

从表面上看，她只是为老板多付出了一点时间，其实，她是为自己赢得了机会，因为老板每次偶尔早到，总能看到她工作的身影，所以，很容易给老板留下好印象，同时记住了她。

老板认为，每天能够提前上班就是对这份工作的重视，结果，小丽比同来的同事提前转正并在一年后提升为主管。

提前上班，别以为没人注意到，老板可是睁大眼睛瞧着呢！

如果能提早一点到公司，就说明你十分重视这份工作。每天提前到达办公室，可以对一天的工作做个整体的规划，当别人还在考虑当天该做什么的时候，你已经走在别人前面了。每天多做一点点，初衷也许并非为了获得报酬，但往往获得更多的收益。

“早来晚走”，有时候不仅仅是一种行为，它更是一种精神，有了这种精神，你将被许多人看重，与许多机遇相遇。要知道，一分耕耘，一分收获，付出总有回报，这是千古不变的法则。每天多做一点，即使一时没有得到相应的回报，也可能在不经意间出人意料地获得报酬。

有个年轻人叫安阳，他是一家电脑公司的业务经理，现在这家公司的生意相当红火，公司的员工对自己的工作也充满了热情。但是，以前并不是这样的，那时候，公司里的员工们都已经厌倦了自己的工作，他们中的许多人都已经做好了写辞职报告的准备。但是，自从安阳到来之后，改变了这一切。他说，当时，我感到这个公司像一潭死水，毫无活力，员工对工作没有丝毫激情，充满抱怨。我就想，这么一个有朝气有活力的行业，员工也都相当年轻，为什么会这样呢？我能不能改变这种状况呢？

他除了建议老板，在公司制度上进行改革，增加了工资，激发员工的积极性，安阳还以身作则，用自己充满激情的工作作风，点燃周围的员工胸中那早已熄灭的热情。

每天，安阳第一个来到公司，并微笑着与每一个同事打招呼。开始工作时，他调动自己所有的潜力，开发新的客户。

在他的影响下，公司的员工也都早来晚走，斗志昂扬，纵然有时候腹中饥饿，也舍不得离开自己的工作岗位。

因为大家都能时刻保持这种激情四射的工作状态，所以，公司在很短的时间内快速成长，安阳也从项目经理被提拔到部门经理的位置。目前，他的业绩不断攀升，身价也是一路看涨。

对工作充满热情，就能够产生强大的动力，不仅可以使自己提高工作效率，而且还能够带动周围的人更好地完成工作，这种人是任何一个公司都需要的宝藏。

付出多少，得到多少，这是一个众所周知的因果法则，也许你的投入无法立刻得到相应的回报，但也不要气馁，应该一如既往地继续付出。回报很可能会在不经意间，以出人意料的方式出现。

4 诚信是成功的翅膀

在当今的社会中，很多老板都无奈地感叹："诚实的员工真的很难遇到。"但是，"人之初，性本善"这句话从古到今，已经流传了多少年，现在的企业中，为什么诚实的员工却越来越少？

要知道，人的本性都是诚实善良的，只要我们把我们本来的样子呈现出来，洗涤掉那些外在的污染，我们每一个人的身上，都能够显现出一片诚实的光芒。

有了诚实的人品，做事自然诚信，这种品质有助于你事业的成功，成为你向上发展的奠基石。

某广告公司市场销售总监钱进遇到过这样一件事。

一次，他听说有一部分职员谎称完成客户拜访计划的现象，于是，他专门召开一次会议，在会上提出了询问："我听说最近有些销售员，声称自己已经完成了客户拜访计划，但是，事实上却没有，这种情况是不是真的？"

会场中鸦雀无声，这些人没有一个敢说真话。他们都觉得，即使知道同事这样做了，也没办法说，说出来怕得罪人。

在这之前，钱进早就知道了事情的真相，也没有期望会有人真正公开直面这样的问题。但是却没有想到，新来的小杜站出来说："总监说的事情确是实情。有销售员谎称完成了客户拜访计划，并在销售客户拜访表上弄虚作假。销售一部的郑强，他上次说的，拜访过的那个顾客，我也拜访过，对方说，近期并没有本公司的销售人员拜访过他。"

大家听了，都为郑强感到紧张，不知总监会怎么处置他。郑强是销售一部某经理一手提拔的，而这位经理怕郑强失职对自己不利，马上替自己辩解道："我了解他的为人，我想这一定是工作记录中的失误。"

小杜还没有反应过来，还想继续说下去，但是，钱进马上把话题引开了，转移了话题。其实，他只是不愿把事情弄得太复杂，不想把人际关系弄得太紧张，才不再追问下去。但小杜的诚实和以公司利益为先的精神却让总监记在脑子里，不久，公司业务发展急需管理人才，钱进就想到了诚实的小杜，于是，小杜被破格提升了。

诚信的本义就是要诚实、诚恳、守信、有信，反对隐瞒欺诈、弄虚作假。作为员工，其诚实与信义，不仅仅是对同事之间言而有信，还包括对其职责范围的工作认真负责。

在一个企业里，如果没有人对工作认真诚信，公司就不可能有所发展，员工自然不会得到应有的回报。所以说，诚信就是优秀员工的翅膀，有了这双翅膀,成功之路就在眼前。

Ella 是一家化妆品公司的销售部主管,她的任务就是想尽一切办法把公司的货推销出去,这就需要她亲自去跑市场。她的工作理念是:没有最好,只有更好,不要欺骗,诚信最适。她做的每个项目都做得非常完美。这一次,她遇到了一家“刺头”客户,商场上都传言与他们家做生意,没有人能坚持下来。但是,对 Ella 来说,任务已经接下了,就没有再退缩的余地。

于是,她多次主动去找这家的销售部谈话,结果,这家商店真的跟传说的那样,跟他们打交道真的太难了。

Ella 觉得,这才是真正的考验。她运用诚信的魅力感动对方,答应客户的事情一定做到。最后,她诚信的行为,得到了对方总经理的认可。结果,这家商店最终成了她的客户。

Ella 高兴地说:“我用真诚就能打动他们,这是成功之本。”

她成功了,在老总的眼中,她就像是一股清泉,她的思想和创意永无止境。在几次工作实践中,都能看到,正是她的业绩使公司的发展加快了步伐。

在工作中,要始终记住:“诚信是我们的最高价值,具有至高无上的重要性”,确立并保持诚信等为人处事的基本原则,是在职场中立于不败之地的关键。

5 把不拘小节的毛病扔进垃圾箱

“不拘小节”一词出自《后汉书》,形容人做事豪爽、洒脱,在某些场合,是褒义词。但是,若用在企业工作当中,就成了粗心大意、不注意细节的代名词。在工作中,“不拘小节”是一种陋习,不仅对自己的成长极为不利,同时,也有损于企业的形象,因此,必须摈弃“不拘小节”的习惯。

在现代职场，我见过很多员工，他们经常都会有这种“不拘小节”的毛病。但是，这也给他们的工作带来了很多麻烦。

一个刚刚进入职场的年轻人，好不容易找到自己满意的工作，往往因为对手上的工作掉以轻心，在追逐天边彩虹的时候，忘记了脚下盛开的玫瑰。

一个人一生中真正放在工作上的时间和精力是有限的，时间如白驹过隙，转瞬之间十年、二十年很快就过去了，如果一个人在工作中没有尽心尽力，在退休时，晚年将会留下无限的空虚。

古人说：“千里之行，始于足下；九层之台，起于垒土。”一个优秀员工往往都要在一个岗位上辛辛苦苦工作许多年，工作业绩要经过多年的磨炼，才会更出色；多年扎根于工作，才能在工作岗位上得到真正的成长，对待工作的态度，往往是成为优秀员工的决定因素。

有些时候，一个人在言行举止上的细节，也是决定一个人素质和修养的表现，一个很小的动作或礼貌习惯都有可能影响到办事结果的成败。

洪宁是一家软件公司推销员，他在业务和其他方面都比较好，可就是有一个关门很重的毛病。一次，他做了一项业务，多次去客户公司，每次出门之后，都习惯地重重摔门，这个动作引起了对方的反感。

“你这人怎么这样啊，有意见你就说嘛！你摔门干什么啊！”

洪宁自认为自己公司与对方关系非常好，自己与对方公司的职员关系也不一般，因而没怎么注意，忽略了关门这个看起来非常简单的小问题，却给人一种不讲礼貌的粗暴印象，最终遭到对方直言不讳的批评。

在职场中，由于不太注意礼节，忽略小节的事情比比皆是，从而造成了人际关系紧张，给老板留下恶劣的印象：

肖明是电器公司的推销员。他的嗓门特大，每次见到客户都很大声地讲话，影响了客户对他的第一印象。

有一次，他去一家公司，对方的接待人员或秘书将他带领到会客室中，他心里还在想，如何给对方留下一个好印象，可是，关于他办事没礼貌的传闻，早已传到对方老板的耳朵里了。

“老板，客人来了。”

“哦，他还挺准时的，我马上去，我准备准备，他是什么样的人呢？刘小姐，谈谈你的第一印象。”

“老板，不好说。看他衣冠楚楚，时间也准时，可他嗓门太大了，显得粗鲁，不太礼貌。”

“哦……”老板听了接待小姐的话，“哦”了一声，在心里已经对肖明有了反感。最后，找了一个理由，间接拒绝了他。

有时候，从小节中可以看出一个人的修养、内涵，也反映出一个人的精神面貌，更重要的是直接影响到其他人对自己的印象。虽然许多人都很清楚礼貌待人这个道理，也时常按照这样的标准要求别人，可自己做起事情来，却并不一定能做得好，因为这是一个习惯问题，所以我们必须加强修养，从平时的一点一滴做起，在生活中小心谨慎，培养自己的好习惯，就会习惯成自然，成为一个彬彬有礼的职场人。

6 让工作中的每分钟都有价值

是否能够对时间进行有效管理，直接关系到企业的发展，关系到员工工作效率的高低。一个不会管理时间的人，无论如何也不会成为一名优秀的员工。

在一个企业里，员工不知道有效地管理自己的工作时间，提高工作效率，这是任何老板都不希望看到的。

在工作中，“一分钟”对许多人来说，都是无足轻重的，因为在他们的心目中，不要说一分钟，有时即使是 10 分、20 分钟，也会被他们用闲聊的方式打发掉。当然，这些浪费时间的员工，也许直到退休的时候都弄不明白，自己之所以一辈子平平庸庸，就是因为浪费掉了太多的时间，不懂得在工作中，珍惜时间对于自己的发展有多么重要。一名员工要想在公司里不断地提高自己并获得老板的欣赏，就必须学会有效利用每一分钟。

著名教育家班杰明曾经接到一个青年的求教电话，并与那个向往成功、渴望指点的青年人约好了见面的时间和地点。

那个青年人如约而至，班杰明的房门大敞开着，眼前的景象却令青年人颇感意外——班杰明的房间里乱七八糟、一片狼藉。

没等青年人开口，班杰明就招呼他说："你看我这房间，太不整洁了，请你在门外等候一分钟，我收拾一下，你再进来吧。"他一边说着一边轻轻地关上了房门。

不到一分钟的时间，班杰明又打开了房门，并热情地把青年人让进客厅。这时，青年人的眼前展现出另一番景象——房间内的一切都已变得井然有序，而且还有两杯刚刚倒好的红酒，还在杯中漾着微波。

可是，没等青年人把满腹的疑难问题向班杰明讲出来，班杰明就非常客气地说道："干杯，你可以走了。"

青年人手持酒杯一下子愣住了，既尴尬又非常遗憾地说："可是，我……我还没向您请教呢……"

"这些……难道还不够吗？"班杰明一边微微笑着一边扫视着自己的房间，轻言细语地说："你进来都有一分钟了。"

"一分钟……一分钟……"青年人若有所思地说："我看懂了，您让我明白了一分钟的时间可以做许多事情，可以改变许多事情的深刻道理。"

班杰明舒心地笑了。青年人把杯里的红酒一饮而尽，然后向班杰明连连道谢，开心地走了。

一分钟可以快速阅读一篇五六百字的美文。如果是浏览报纸，完全可以浏览一张40多版的日报,看看新闻标题,便对大事小事了然于心。

一名优秀员工,要想在公司里不断地提高自己的地位,并获得老板的欣赏,就必须学会有效利用每一分钟的价值。

一位美国的保险人员自创了"一分钟守则",他要求客户给予一分钟的时间,介绍自己的工作服务内容。一分钟一到,他自动停止自己的话题,感谢对方给他一分钟的时间。由于他遵守自己的"一分钟守则",所以在一天的时间经营中,几乎和自己的业绩成正比。

"一分钟时间到了,我说完了!"信守一分钟,既保住了自己的尊严,也增加了别人对自己的兴趣,而且还让对方珍惜他这一分钟的服务。

另一家公司则是为了提高开会的质量,为此老板特意买了一个闹钟,开会时每个人只准发言六分钟,这个措施不但使开会更有效率,也让员工分外珍惜开会的时间,把握发言时间。

身为员工,不仅要懂得每一分钟的价值,还要善于找出潜在的时间,并加以有效利用,做到不浪费每一分钟。

有一家保险公司的员工,他每天都开车外出做保险业务,他非常善于利用空当时间,即使在等红绿灯或塞车时,他也会把客人的相关资料拿出来看一看,以便加深印象。

一位叫麦当娜的总裁秘书也是如此,她在车里放了一把拆封刀,每次开车时,都带着一沓信件,利用等红绿灯或塞车的时间处理这些信。

麦当娜认为,来信中有30%的信件是垃圾信件,不如在自己到达办公室前进行一番筛选,进入办公室之后,她的第一件事就是立即扔掉垃圾信件,处理正常的业务。

优秀的员工会对自己的工作认真负责,严格要求,让工作中的每一分钟都有价值。

成功的职业人士，大半都是高效利用时间的人，也是老板器重的员工。

7　科学规划你的工作清单

企业员工科学规划自己的工作程序，看起来似乎是小事，但是，却关乎企业员工的工作效率。这是因为，员工和企业是共同体，企业要发展，员工也要发展。只有让两者之间高度融合起来，企业发展才会强大，员工才会迅速成长。

员工要树立与企业共同成长的长远目标，企业更要重视员工的成长，为员工搭建良好的成长平台。只有员工与企业同心同德，沿着既定的方向不断努力，目标才能得以实现。

为了提高工作效率，每个职工都要合理地规划自己的工作程序，它可以让我们有条不紊地做好每项工作，提高每天的工作效率。

在开始做每项工作之前，首先做出一个详细而周密的计划，把工作的步骤和程序确定好，以保证工作的顺利和效率，是我们每一位员工，特别是管理人员都应经常思考的问题。

美国著名质量管理专家提出，让所有员工每天将当天要做的事按重要性列出五件，然后按轻重缓急顺序一一完成，如果还有时间，再去做其他的事。

但是，我们在实际工作当中，常常是缺乏计划性，想起什么干什么，碰着什么做什么，没有统一安排，不分轻重缓急。

有时将一些小事做得“精益求精”，耗去了太多的时间，轮到重要事情的时候，时间已经不够用了，只有草草收场，或者等“明天再说”。

有的职员习惯于上班时先看看报，然后上网聊天、“偷菜”或干点别的，在不知不觉中，已经耗去很多时间，用来做正事的时间自然大大减少。

还有一种比较普遍的现象:我们计划或遵照安排日后要做的事,届时却给忘了,结果要么误事,要么拖延,大大降低了工作效率,有的事一旦延误则无法弥补。凡此种种,都是没有采取“工作清单法”造成的。

“工作清单法”的好处是使自己对工作做到心中有数,便于合理安排时间和精力。这里举个不太恰当的例子,但却能说明问题。

把要做的事情记下来,把记下来的每一件事做好。如果你还没有采用过这种方法的话,不妨一试,相信不会让你失望;如果你有更好的提高工作效率的方法,请一定毫无保留地告诉大家,让大家都能提高效率。

建立工作列表,随时记下要做的事情,区分出轻重缓急,先做急于完成的事情,再做比较重要的事情。我们现在利用的工作日志,就是一个很好的列表,把一天的事情都记下来,一看就一目了然,也可以把以后的事情记在后面的日期上,也可以利用日历,把哪天该做的事情记在哪天,每天都看,就知道有哪些事情要做了。

在工作中,是保持最佳的工作激情,积极主动、认真负责地工作,还是敷衍了事、拖拖拉拉地工作,两种截然不同的心态,使得工作效率的具体表现也大相径庭,因此,工作激情就成为提高工作效率的前提。

同时,在紧张工作的前提下,还要学会放松和休息,列宁说过,“不会休息就不会工作”,人只有休息好了,才能做到精力充沛,只有精力充沛,才能以最好的状态开始工作。

现在的职场人士,多数面临来自企业、社会、家庭等各个方面的压力,重压之下难免影响工作效率,因此还要学会放松,使自己从重重压力下解放出来,以轻松的心情投入到积极的工作之中。

8 对得起自己的座位

公司千方百计为员工创造良好、宽松的工作环境,为职工提供了基本的生活保障,解除了员工的后顾之忧……俗话说"大河没水小河干",没有企业的发展,哪有小家的幸福?没有企业的辉煌,哪有事业的成就?

企业的兴衰与我们的发展紧密相连,公司给职工提供了一个展示自我的舞台,帮助每个人体现自身价值,实现个人梦想。

张伟是一个来自山西农村的乡下孩子,家里三代人一直居住在冬天进风、夏天漏雨的土坯房里,直到张伟外出读大学时,这种情况也丝毫没有得到改变。

积劳成疾的父亲患有严重的脊椎病,母亲的双手常年操劳,变得像锉刀一样粗糙。张伟深知,要改变这一切,必须要先有一份工作才行。

在张伟毕业后,一家企业给了他这个机会,张伟在内心中深深感恩这个企业:期望通过他的劳动来回报企业给他的这次工作机会。在工作当中,他对自己提出了这样的标准:当日事当日完成,无论发生什么情况也绝不动摇。

2007年10月,组织调张伟到工程部管理内部资料,由于对业务不熟悉,他以最短的时间,把55个档案盒的全部资料从头到尾梳理了一遍,对一些漏登文件和容易混淆的公用文件进行了全面清理、分类和存档,做到了资料随时要随时查。

就在他刚刚上任不久,张伟经历了工作以来最大的挑战。检查部门提出了要求,由于对工程资料填写的不确定性,必须重新整改。也就是说,从基坑开挖,到做底板、中板,共18段,每一段包括钢筋、混凝土检验批次、隐蔽工程以及施工记录,检查证等都有50多页,只修改手写版的就多达上千份,还要修改电子版本。这是一个数量惊人的整改工作,要求在15天时间内必须完成任务。这15天对张伟来说,是一个严峻的挑战,他不断克服自己的急躁情绪和无法入睡的痛苦,按时完成了工作任务,保证了资料及时、到位修改成功,适应了正常施工的需要。

从人的心理需求和社会认知上讲,感恩父母、力求改变家庭现状的目标是人努力工作的基本动力。报答企业的最好方式,就是又好又快地完成好自己的工作,一首《感恩的心》不知激励了多少人:“我来自何方?像一粒尘土,有谁知道我的脆弱……要苍天知道我不认输。”

我们生存在这个世界上,一个人就像一粒尘埃、一颗草芥,在天地之间是那么的渺小。但是,进入公司这个强大的舰队后,我们的内心会因为自己的团队而变得强大,大到可以用微薄的力量去对抗未知的命运。

我们没有理由不做这样的思考:责任和忠诚的背后是感恩,感恩的背后是动力和信念,这些信念,都是奠定我们笑傲职场的基础。

为此,我们更要对得起企业给予我们的这个位置,以自己的实际行动回报企业,绝不当公司里“滥竽充数”的南郭先生。

第七章　成败都在细节中

什么是细节？为什么关注细节的人能够取得成功？细节是长期以来形成的习惯，细节是成功经验默默的天长日久的积累，细节是良心、耐心和责任心的高度体现。每一个完美的细节，都是我们通向成功的奠基石……

1 失败来自细节的疏忽

“千里之堤，溃于蚁穴”，这句话深刻地揭示了一个真理，千里长堤看上去十分牢固，却会因为一个小小的蚁穴而轰然崩溃。

人们在工作中最常说的一句话就是“差不多吧”，或者说“八九不离十”，其实，当你说“差不多”的时候是差很多，说“八九不离十”的时候，距离十还差很远。在细微的差错当中，则会与众多商机失之交臂。所以，不要忽略每一个细节，也许，影响全局的就是这毫不起眼的细微之处。有时候，一个微不足道的细节，就会葬送一个宏伟的计划，而一个精确、生动的细节也可以成就你的事业。

有人总是把获得机会的客观条件看得很重，偏执地把机会的得失归结于“天时”、“地利”等客观因素，而不从自身寻找原因。

殊不知，成功之人从不忽视任何一个小细节，不放过任何一个可能的机会。如果你能脚踏实地地从每一件小事做起，再平凡的你也会做出不平凡的事情来。

张玲在外企工作十几年了。她对每个细节的工作都认真负责，从不马虎。别人在工作时不注意的细小事情她都会发现，并加以纠正。

一次，在开会的时候，一个领导在不知道的情况下，把第三章讲稿掉在了地上，可是有人看见了，却无动于衷。这时候，张玲看见了，她没有犹豫，起身将讲稿拾了起来，递给了领导，大家都觉得她的做法没有多少意义，可是，这一细微的举动却让这位领导看中了她，觉得她能这么细心，把这么小的事情都放在眼中，工作中的事，她也一定能做得更好。于是，就把总经理秘书的职位交给了她。

要知道，在工作中，布置并不等于完成，简单并不等于容易。做好小事是完成大事的基础和前提。因此，对工作中的小事绝不能采取敷衍、应付的态度。很多时候，一件看起来微不足道的小事，或者一个毫不起眼的变化，却能实现工作中的一个突破。所以，在工作中，对每一个变化，每一件小事我们都要全力以赴地做好。

很多人轻视小事，认为小事不值得做，因此为自己的工作留下了隐患。要知道，工作中无小事。所有的成功者与我们一样，每天都在对一些小事全力以赴，唯一的区别是他们从不认为自己所做的事只是简单的小事。

因为疏忽，前不久，巴西某地出产的冻虾仁被欧洲一些商家退了货，并且要求索赔，原因是欧洲当地检验部门从部分冻虾中查到了10亿分之0.2克的氯霉素。经过自查，环节出在加工上，剥虾仁要靠手工，一些员工因为手痒难耐，就用含有氯霉素的消毒水止痒，结果将氯霉素带入了冻虾仁。这起事件，引起不少业内人士的关注。

一则认为这是质量壁垒，10亿分之0.2克的含量已经很细微了，也不一定会影响人体，只是欧洲国家对农产品的质量要求太苛刻了；二则认为是素质壁垒，主要是巴西农业企业员工的素质不高造成的；三则认为这是技术壁垒，当地冻虾仁加工企业和政府有关质检部门的安全检测技术太落后了，跟不上欧洲标准，根本检测不出这么细微的有毒物。

而笔者认为，这10亿分之0.2表面上看起来是一次经常贸易上的正常失误，其实却隐含着深刻的教训——在细节管理上，出现了疏忽的漏洞。

透过一个个不同部门和单位的“工作疏忽”，可以发现一个共同的规律，这就是“工作疏忽”是发生过错的行为之后，用以敷衍和掩盖真相的惯用语，先用“工作疏忽”稳住受害者，然后再寻找对策、推脱责任，所以不管是上级监管部门还是社会公众，一定不要被“工作疏忽”所迷惑，“工作疏忽”本质就是欲盖弥彰。

我们说“细中见精”，在生活的层面上，细节代表了一种品质，没有细节，就没有品质。优秀员工需要拥有一颗爱岗敬业的心，要有始终如一、踏实工作的精神。

在工作中，不要放过任何一个小小的异常，不做任何一次小小的违章，精益求精地学习，对每天工作中碰到的问题务必搞清楚，弄明白，做到底。从现在做起，从自身做起，扎扎实实做好每一项工作。

2 日日常拂拭，工作精于勤

说起工作，在你的内心深处，是怎样定义的呢？你是不是心无旁骛，一心想着自己的工作呢？对于工作中的杂念，你是不是需要日日常拂拭呢？

如果你在工作当中，发现自己心中的杂念，能够做到时时清除，这样天长日久，你的心就如无垢的明镜一般，明亮、清澈，能包容万物。

一个企业要想做大，首先必须要有一个高素质的团队，才能创造更高的效益，一些不经意的小事，并不是用标准能衡量出来的，但它却能反映出一个人真实的素质。

一个人若想展示自己的完美很难，但是，毁掉自己的前程很容易，只要一个细节没有注意到，就会给我们带来难以挽回的影响，都可能给企业带来严重的损失。所以说，工作必须做到尽善尽美。

一个美国牙具公司的副总，他每天的业务量特别多，而且每次都是匆匆忙忙的。一天，因公司有重要会议，他必须提前到达，他很着急，匆忙地刷牙，急中生乱，牙龈被刷出血来。坐在车上，他的心情糟糕透了，怒气冲冲地发着牢骚。

当怒火慢慢消退以后，他突然想到，这也是一个商机，要和同事们研究一下，找出一个更好的办法。于是找了个时间就研究了起来。

他们想出了好几个方案，但是都不理想：将牙刷毛改为柔软的狸毛；刷牙前先用热水把牙刷泡软；多用些牙膏；慢悠悠地刷牙……

经过进一步研究，在放大镜下面，牙刷毛的顶端并不是尖的，而是四方形的。他想："把它改成圆形的不就行了？"

于是，他们着手进行改进。经过多次实验，终于成功了。他们正式向公司提出了这项改变牙刷毛形状的建议。公司很乐意改进自己的产品，把全部牙刷毛的顶端改为圆形，把它投入了市场，经过一段时间的市场调查，这种牙刷很受消费者的欢迎，从而形成了他的专利技术。他也被晋升为总经理，而后的几十年里，他不断地创新和钻研，最终成为这家企业的董事长。

不论是在工作中，还是在生活中，道理都是一样的，人要从工作中积累经验，要从"精细"中寻找创意，有了创意，还要有勤奋的落实精神。要做到这几点，不仅需要努力，更需要毅力。

世界上没有任何东西可以比得上坚韧不拔的毅力，这种坚强的意志，教育不能替代，财富不能代替，唯有自己坚持不懈的努力，才能登上事业的巅峰。

3　做事贪婪，埋藏祸根

人的本性中有一种可怕的念头，那就是贪婪。人在贪欲的驱使下，对外界的诱惑格外敏感。

职场中的诱惑，对于一个优秀的员工来说是一种考验，天下没有白白掉馅饼的好事,假如万一遇到了“天上掉下来的馅饼”,也一定要当心,切记,没有通过自己的努力得来的东西,一定是危险品。

李成是一家企业公司的经理助理,他在这行做了6年。这几年里,他积极进取,凡事都不被别人落下,对于工作也非常努力,一丝不苟。但是,诱惑却将他引上了邪路。

李成作为经理助理,每项业务都要在他的手里检阅过之后才能上市,这几年中,在他手中从未出过错,所以领导非常信任他,大权全都交给了他。

一天,他的好友小梁来找他,为了一个项目说情。这个项目有一些问题,对于这一点,小梁心知肚明,但是,他不想自己的心血白费,就找到了好友李成。

开始,李成很坚决地拒绝了他,但是,小梁用友谊打动他,小梁还给他5万块钱,说是“友谊”的见证,李成经受不住金钱的诱惑,收下了钱,也答应了小梁的要求。

一个月后,他们觉得做得天衣无缝,但是,还是没有逃脱法律的制裁,小梁东窗事发,李成定为受贿罪。李成从一个企业的红人,变为阶下囚,其原因只是因为禁不住金钱的诱惑。想一想,因为小小的贪婪,埋下了这么大的一个祸根,真是得不偿失。

作为企业的员工,我们要十分慎重,做事情要先想好自己的职责所在,不为外界的诱惑所动摇,努力做好自己的本职工作,只有自己努力得来的成果,收获着才最安心。

安妮是一家公司的文秘,在她刚参加工作不久,因为没有工作经验,总是不小心把材料弄乱,但是,她有一个很负责的师傅,总是在旁边提醒着她,一次,师傅出差了,有一个重要的会议,要她准备材料。她想:“这次我可以好好表现一下了。”因为她早已盯上了师傅的位置。她只想着霸占别人的位置,却没有别人的工作能力。结果,在她独自准备材料的时候,急于求成,把材料弄错了，造成了很严重的后果。好在领导念在她刚刚参加工作的分上，没有给予重大的处分，经过那次的事以后，安妮再也不敢粗心大意了。因为知错，她很快检讨自己，在以后的工作中，不再在小事上犯错。其实，安妮之所以犯错，就是因为她的注意力被贪婪的心给蒙蔽了，心里老是想着占据别人的位置，没有放在工作上。

大脑是人心理活动的指挥中心，在各种意识活动中起着主导作用。只要在工作中放弃贪婪的念头，多动脑，多做事，工作一定会一帆风顺，必要的资粮也会不求自得。

4　将简单的事重复做好

有的人在工作中，总是喜欢做刺激的事情，不喜欢做重复的事情。其实最优秀的员工，最能体现他优秀的所在，不仅表现在无穷的创意上，更表现在重复劳动中所表现出的那种永不厌倦的精神。有了这种精神，才会具有高度的责任感，这是我们成功的根本。

有一个小男孩，因为家境不好，他必须靠自己打工养活自己。

后来，他在图书馆里找到了一个打零工的活儿，负责把读者乱放的书籍放回原来的位置。在不断重复的工作中，他非常认真，而且他的记忆力非常好，不管是几天前放的书，他都能够在需要时准确地找出来。他就这样默默无闻地工作，不论春夏秋冬，他从不迟到，更不会旷工。

一天，他家要搬离城市去郊区住，那里距离工作的图书馆很远，每天走几十里路来上班。但是，他依然如故地坚持上班。他仍然继续努力工作着。

后来，这个小孩成了信息时代的天才、微软电脑公司的创始人。

在现实生活中，有很多我们认为枯燥乏味的工作，可是，在这个岗位上工作的人，却把简单、重复的工作当成了人生的一种享受，将简单的事情重复做，而且还能重复地做好。

羽凡是一家超市的收银员，她每天都重复地做着同一件事，收款，找零，付货。反反复复，年复一年，日复一日。然而在这个不起眼的工作岗位上，羽凡却做出了突出的成绩，大部分顾客是专门冲她来的。每当有老人来买东西，她都会主动帮忙，直到把老人家打理好，才去做别的事。大家都说，看她工作就是一种享受。

其实在工作中，成功并没有多少窍门，只不过是简单的事情重复做，在做的过程中，加上你的心血的付出。

5 伟大源自平凡中

每个人的职业不同，所做的工作不同，但是，每一个优秀员工的信念是相同的，他们都有同样的一个目标，那就是如何让自己在平凡的岗位上显示出卓越的本色。

张佳明，一个商业职场的名人，现任一家化妆品公司的总裁。他的道路却非常坎坷，他 18 岁的时候，就在美容院里打杂，当学员第一年是没有工资的，每天除了做饭和打扫卫生之外，就是抄笔记，那个时候，还是师傅带徒弟的年代，他慢慢地学会了做面膜、化妆，最有收获的就是和老板学到了好口才，他最大的梦想就是将来要有一个自己的美容化妆品公司。

拿到了两个月工资后，他来到了省城武汉。因为受以前老板的影响，练就了与人沟通的本领，在省城，他很快就找到了美容师的工作，很受老板的器重，三个月后，就担任了这家美容院分店的店长。由于业绩突出，接着他就被调往总店，专职做管理工作。

三年过去了，他对自己的要求一直是比较严格的，跟别人打工的时候他就想着让老板更满意。自主创业之后，他最大的感悟就是责任。他说："我觉得，除了让顾客自始至终地满意之外，就是希望每一个员工都能拿到高一点的工资，合伙人能够有钱赚，这就是我的责任。"

作为公司的一员，我们是否想过，怎样做，才能让老板满意？怎样做，才能让公司更赚钱？我们要有一种全身心投入到工作中的精神，从平凡到伟大，从简单到复杂，从基础到高深，都应该是扎实稳定走过来的，平凡造就伟大，普通孕育辉煌。正如鲁迅所说的："我是在平凡中寻找伟大，而不是在伟大中寻找伟大。"

从平常到伟大的人，人生的态度首先是乐观的，将人生视为一种在不断奋斗中磨炼的过程，经得起大起与大落，能够以宽容的胸怀善待一切。因为构成伟大的决定性因素，恰恰蕴藏在平凡之中。

6 工作之中切忌急躁，成绩来自从容不迫

在工作中，要不断积极进取，勇于面对困难，不轻言放弃，遇事冷静，不急躁。有些时候是因为工作量比较大，会让我们心情急躁，这时候，可以把工作量做出相应的调整，不要主观冒进。有的人追求事情的完美，想要把这事情办得特别好，不然的话，自己心里就过不去，觉得自己都不能原谅自己。再有一种人是工作狂，贪功心切，急于求成，这样的人也不能把工作做好。

人不是因为工作而工作，而是因为喜欢工作的兴趣，激发起了自己的能动性，这样才能把工作做好。

想要工作中不急躁，就要想办法让自己对工作产生兴趣，首先要调整好心态，做好自己，才能做好自己的工作，要有一颗平常心，要想办法开拓思路，只有这样，我们才能认真工作，在工作中做出成绩。

职业兴趣是一个人对待工作的态度，对于工作的适应能力，表现为具有从事相关工作的愿望和兴趣。拥有职业兴趣将增加个人的工作满意度、职业稳定性和职业成就感。

当一个人对某事物有兴趣时，就会对它产生特别的注意力，对该事物感知敏锐、记忆牢固、思维活跃、情感浓厚、意志坚强。它具有比较稳定而持久的心理倾向。它是一个人探究某种职业或从事某种职业活动所表现出来的特殊的个性倾向，它使个人对某种职业给予优先的注意，并具有向往的情感。

由于兴趣爱好不同，人的职业兴趣也有很大的差异。往往从自己最有兴趣的方向选择，逐渐产生工作乐趣，进而与奋斗目标和工作志向相结合，发展成为志趣，表现出方向性和意志性的特点，使人坚定地追求某种职业，并为之尽心尽力。

兴趣是在需要的基础上产生的，也是在需要的基础上发展的。如果一个人对某项事物没有认识，也就不会产生情感，因而也就不会对它发生兴趣。同样，如果一个人缺乏某种职业知识，或者根本不了解这种职业，那么他就不可能对这种职业感兴趣。

任何一种社会职业在客观上对从业人员都有知识与技能等方面的要求，而个人的知识与技能水平的高低，在很大程度上取决于其所受教育的程度，培训范围越广，其职业取向领域就越宽。社会时尚职业则始终是个人特别是青年人追求的目标，如当前计算机技术、旅游等事业，都得到了较大的发展。

良好而稳定的兴趣，使人在从事各种实践活动时，具有高度的自觉性和积极性。兴趣是在需要基础上受到动机的影响,进而对职业选择产生一定的推动力。

一家公司有着许多优秀的员工,但却遭到顾客的投诉。总经理要求人力资源部门介入调查,并在一个月内找出答案。经过初步调查,大部分员工都受到了上级主管的好评,但顾客评分却很低;而顾客评分较高的一线员工,大部分的上级主管评分都较低。这是什么原因呢?

最后做了顾客满意度的跟踪调查,得知是"职业性向理论"。劳动者找到了适宜的职业,其才能与积极性才能得以发挥。社会型的人有自己的主见和特长,喜欢从事为他人服务的工作。创业型的人才善交际、口才好,能影响他人。而常规型的人尊重权威、习惯接受他人指挥和领导、工作踏实、忠诚可靠,上级主管当然喜欢。

想要有职业兴趣,要搞清楚"什么是你最想要的"、"什么是值得你一生去追求的",否则,你会很迷茫,很困惑,没有激情。

花点时间好好理一理,从过去、现状、未来中去找,从爱好、兴趣中找,从价值实现中找,要把实现目标的路径选好,把目标分解成步骤,把现在的工作与未来的目标结合起来,就能富于激情,就能把事业做到最好。

下面有一些应付急躁的方法,你也可以来试试。

1. 自我鼓励法

用某些哲理或某些名言安慰自己,鼓励自己同痛苦、逆境作斗争。自娱自乐,会使你的情绪逐渐好转。

2. 语言调节法

语言是影响情绪的强有力工具。如你悲伤时,朗诵滑稽、幽默的诗句,可以消除悲伤。用"制怒"、"忍"、"冷静"等自我提醒、自我命令、自我暗示,也能调节自己的情绪。

3. 环境制约法

环境对情绪有重要的调节和制约作用。情绪压抑的时候,到外边走一走,能起调节作用。心情不快时,到娱乐场所做游戏,会消愁解闷。情绪忧虑时，最好的办法是去看看滑稽电影。

4. 注意力转移法

请你把注意力从消极方面转到积极、有意义的方面来，心情会豁然开朗。例如，当你遇到苦恼时，可以将它抛到脑后或找到光明的一面，则会消除苦恼。

5. 能量发泄法

对不良情绪可以通过适当的途径排遣和发泄。消极情绪不能适当地疏泄，容易影响心身健康。所以，想哭时，就放声大哭一场，心烦时找知心朋友倾诉，不满时发发牢骚，愤怒时适当地出出气；情绪低落时可以唱唱欢快的歌。

7 把每件小事当成重要的仪式

从“差不多还过得去”到变成“一名优秀员工”，其实你只需要每天多付出一点点，然而，你却会因此得到很多，你的生活以及整个人生都会因此而发生改变。

在一个下雨的午后，外边的雨正下个不停。这时有一位老妇人走进费城一家百货公司，转了老半天，大多数柜台上的人都不理她，但有一位年轻人却看不下去了，便上前问她是否能为她做些什么。当妇人回答说只是在等雨停时，这位年轻人并没有趁机给她推销商品，而是给她拿了一把椅子。

雨停之后，这位老妇人向这位年轻人说了声“谢谢”，并向他要了一张名片。

几个月后，这家店的老板收到一封信，信中要求这位年轻人前往苏格兰，收取装潢一整座城堡的订单！这封信就是这位老妇人写的，而她正是美国钢铁大王的母亲。

当这位年轻人打包准备去苏格兰时，他已经升格为这家百货公司的合伙人了。

这个年轻人没有付出多大的劳动，只是比别人多付出了一点关心和礼貌，因为他经常这样做，所以才会养成这样的习惯。

只要我们每天多付出一点，收获也就更多一点。逐步养成好习惯，形成正确的生活态度，你的心也会变得善良、积极、健康、洁净。私心少了，怨气也随着少了，牢骚少了，消沉和沮丧也跟着少了。

然而，却有人不愿意多付出一点，因为他们不懂，多付出一点，自己才是最大的赢家。

一家药品公司，在市场上很有名气，但在药品包装上却没有什么好的创意。美国人都知道，柠檬和橙子含维生素最高，所以用花色药片最好销。其次是橙色和白色，而美国女人则喜欢红色止痛片，而中国的药品公司却没有想到这一点。但是有一个新上任的业务员却想到了一个主意。他主张把药片颜色调换一下，做成中国人喜欢的样子，很多儿童怕吃药片，他就建议把儿童药品做成孩子们喜欢的动物、水果、卡通等样子。这个建议得到采纳之后，果然在市场上得到了回应，销量一路飙升，发展趋势非常好。

如果我们把每件事情都精细地思考，把每一件小事都认真地做好，相信一定会有意想不到的收获，可以改变我们的人生。

美国有个“福特公司”，其实，这家公司是根据福特先生的名字命名的。福特大学毕业后，去一家汽车公司应聘，和他一同应聘的还有三四个人，他们都比福特学历高。

当前面几个人面试之后，福特觉得自己没有什么希望了。但是，既来之，则安之，他敲门走进了董事长办公室。

一进办公室，他发现门口地上有一张纸，他弯腰把纸捡了起来，发现是一张废纸，便顺手把它扔进了废纸篓里。然后才走到董事长的办公桌前，说："我是来应聘的福特。"

董事长说："很好，很好！福特先生，你已被我们录用了。"

福特惊讶地说："董事长，我觉得前几位都比我好，您怎么把我录用了？"

董事长说："福特先生，前面三位的确学历比你高，且仪表堂堂，但是他们的眼睛只能看见大事，看不见小事。你的眼睛能看见小事，我认为能看见小事的人，将来自然能看到大事，一个只能看见大事的人，他会忽略很多小事。所以，我才录用你。"

福特就这样进了这个公司，这个公司不久就扬名天下，使美国汽车产业在全世界独占鳌头，这就是今天"美国福特公司"的创始人福特。

看见小事的人能看见大事，但只能"看见"大事的人，却不一定能看见小事，这是很重要的教训。天下什么是大事？任何一个小事都是大事。集小恶则成大恶，集小善则为大善。一切都是从很小的事情开始的。

8 将贴在墙上的条例落到实处

在工作中，我们要少说多做，作实际行动来证明自己的一切，把公司相关的条例落实到工作中。只有不断地追求优秀与卓越，才能在职场中逐步发展自己、提升自己、完善自己，使自己具备卓越的竞争力，这是成功的重要因素。

有时压力大并不一定是坏事，处理好了，压力可以转变为动力，转变为坚定的信心，从而用事实证明自己的能力，创造更好的业绩。

如果你接到了一个新的任务，那么一定要事先估量一下，根据你能掌握的人力、财力、物力等资源，能够在要求的时间内准时完成。如果不可以，就请求给予更多的支持，调配更多的资源，以此来保证任务能及时完成。要知道事情的轻重缓急，这样才能得到老板的赏识，从而让老板离不开你。

要明确自己的工作职责，在你的权力范围内自主地开展工作。一个成熟的下属，不仅要做好自己领域里的各项工作，不让上司操心，更要主动地开拓自己的工作，找事情做，实现对工作的自我管理。把纸上写的东西用实际行动表现出来，这就是所有成功者走过的道路。

有一句话这样说：观念决定思想，思想支配行为，行为决定结果。

有这样两个人，一起去外地打工，可是在车上，他们听别人议论说，上海人精明，外地人问路他们都要收费。而北京人厚道，看见吃不上饭的人还给馒头和衣服。于是，这两个人就有了不同的想法，原来打算去上海的人，想要去北京，而原来打算去北京的人，却想要去上海。于是，他们在退票的时候相遇了，两个人相互交换了自己的车票。

结果，去北京的人，没找到事做，却得到了吃的、喝的，去上海的人，发现了许多商机，他看见上海做什么都很赚钱，于是，他想到了一个新的赚钱想法。在郊区弄到了一些沙子和土，再放些树叶，这就是"花盆土"。他专门卖给那些找不到泥土又特别喜欢种花的人。

经过几次倒腾，他就赚了几百元。一年以后。他的生意做得大了些，有了自己的小门面，长年的奔波使他又有了新的发现，办起了清洁公司，业务从上海发展到了杭州和南京。

再一次去北京出差的时候，看见了一个捡破烂的人，他手中有空瓶子，他把空瓶子交给了他，在传递瓶子的一瞬间，两个人都愣住了，原来这就是几年前换过车票的人。

马克思说"一步实际运动比一打纲领更重要"，如果我们没有落实的观念，任何缜密的计划和完善的措施都会是一纸空谈。任何创新的思路和有效的方法都只能画饼充饥。

口号喊得再响亮，也不如落实它来得实在，条例每天更新，可是真正遵守的又有几人？

如果你想成为一名优秀员工，那么现在抬起头看一下你身旁的条例，数一数真正能落实的有几条，然后，按照条例上写的一一去做。

第八章　在工作中不断成长

任何一个优秀员工的成长，都离不开企业给予的机会。每个人都应在职场中不断接受挑战，在付出的过程中不断成长。通过自己不懈的努力，我们将会在不经意间，收获那一份人生的感悟和成功的喜悦。

1 不断提升，从丑小鸭到白天鹅

刚刚步入职场，一个人是否有一番作为，不在于他做什么行业，而在于他是否能尽心尽力，把自己手中的做好。“干一行，爱一行，精一行”，这就是敬业。敬业是传统职业道德的基本原则。就是要求我们恪守职责，扎实、勤恳地做好本职工作。

在市场经济不断深化的今天，敬业是一种职业态度，也是职业道德的崇高表现。能够热爱本职工作，积极主动、尽职尽责地工作，是决定一切成功的重要因素。

热爱本职工作是各行各业职业道德的基本要求，也是成就个人理想的基本要求。如果一个人连他自己所从事的本职工作都不热爱，那么他就不可能敬业，也不会自觉地去钻研本职业务，这样，他的工作质量和效率也就不可能提高。

大学刚毕业的小雨，找了好几家公司，终于在一家外企定下来了。每天的工作都是枯燥乏味的，可是，小雨从没想过后悔。

由于她耐心做事，从不马虎，她的工作得到了公司的认可，她用自己的努力，换来了第一次加薪晋职的机会。

在展示自己才华的同时，小雨也得到了领导的好评和赏识。所谓干一行爱一行，小雨就是靠尽职尽责，忠于职守，把自己岗位上的每一件事情都办得非常出色，企业需要的就是这样放到哪里都能发光的人。

作为员工，不但要热爱本职工作，还要具有积极主动性。主动性不仅代表着采取行动，还代表了人必须为自己的行为负责。

积极主动的人不是强出头、富有侵略性、无视他人的反应，只是他的反应更为敏锐、更为理智，能够切合实际地掌握问题的症结所在，而这些行为均取决于自身的工作态度。

要想做好本职工作，使自己变成一个敬业的员工，就必须不断地学习新的知识。书本上的知识要学，实践中的知识更要学，只有常备一颗上进心，工作才能更上一层楼，事业才能更有发展。

要善于学习，使你在不断变动的环境中应付自如，无论是分配你完成一个应急任务，还是以往的常规性工作，都要求你在最短时间内，成为某个新项目的行家。

一个公司的职员，说他是个完美主义者，潜意识里就想要把所有的事情做得尽善尽美，而工作是琐碎而且繁重的，他认为每件事都是那样紧迫，根本无法分辨哪件事对自己来说更重要，于是固执于细节，力图掌握住工作中的方方面面，实际上工作却滞后了。

咨询了一些朋友之后，他改变自己的标准和价值观，制订切合实际的目标。明确要完成的目标以及完成时间，对任务做好通盘考虑，从安排项目的每个具体任务开始，将完成这个项目所需做的事情开列出来，排好轻重次序。完成一个任务就做一个标记，并奖励一下自己。从让人最不愉快的任务做起，顺着列出的表单一直做下去，直到全部完成任务。

每天都完成一些计划中的事情，并随时把新的任务和项目纳入计划，给自己定立一个按时完成任务奖，奖励要切合实际并按事先定好的办。

经过一年的训练，他的工作效率提高了不少，对于自己的工作也变得更有信心了。以后的几年里，他的业绩一直在增长，职位也随之提升。

员工的最典型特征不但要有制订计划的好习惯，还要能够善于解决工作中的难题。善于在工作中发现、纠正和解决问题，减少、杜绝不必要的损失。及时、准确地判断、识别、发现工作中的故障、失误、差错和问题并予以解决,减少工作中的损失。要想做好本职工作,使自己变成一个敬业的员工,就必须不断地学习新的知识,勇于创新,不断提高。

一个部门的主管,在一次突发事件中,因为没有做好本职工作受到了处分。这个事的起因是这样的,有一次,公司的大批订单突遭退货,经理又不在,没有仓库的钥匙,大雨就要下起来了,几十万的货物如果遭到雨淋,就会全部报废。

而这个主管却在办公室里写"突发事件"报告,请求上级支援,可是要等到报告批下来,那就什么都晚了。一个工人看到了这个情况,找来一大块苫布,叫了十几个人,用了不到十五分钟,就阻止了这场事故的发生。

后来主管因事发时不在现场指挥,不知应变而受到了处分。

有时随机应变,也是优秀员工的工作需要之一,这么一点小事还要经过批准,说明这个人没有应变能力。在工作当中,不管做什么事情,都要从公司的利益出发,这才是合格的员工。

要从丑小鸭变成白天鹅,这个过程是艰巨的,要有强大的毅力才能实现这个梦想。

2 随时充电,不让自己出现"短路"

现代社会,激烈的竞争时刻提醒着每个人,必须要不断地自我增值,一旦举步不前,就如同耗空的电池一样,失去应用价值,继而遭到淘汰。

要想长久地做一份工作,就要在一个领域或一个行业内做出成绩。有很多人在一个工作岗位上做了几年,感到工作得心应手、轻车熟路,不再有需要学习的东西,就想换一个工作,做点新的尝试;也有的人感到自己所在的行业、企业没有多大发展,就想跳向一个朝阳行业,追求更大的发展。

每个人在经济大潮里游泳，机遇与风险并存，每个你所从事的行业都像一只股票，高高低低，既随大势，又有自己的独特走势，但是，行业又不能像股票那样，可以随时买进卖出，所以，你必须像对待自己的情人那样，热爱自己的工作，视自己的工作为最大快乐。

多钻研技术，多积累知识，逐步扩大自己的工作技能和工作范围，在人生底部蓄势待发，等待反弹。这样做，能够使你取得更大的成绩，也让你为自己为公司创造更多价值。

有很多员工，在自己的职位上坐久了，就感觉到乏味，没有新鲜感了，就想改行，选择别的职业。如果你选择了放弃自己的职业，另寻出路，就像另寻新欢一样，以前付出的代价也将付之东流。

有一些人不断地更换职务，不断地改变自己的爱好，到头来，只是一事无成。因为，一个连本职的工作都做不好的人，换什么样的工作都是一样的！因为他总有一天会失去新鲜感。

为了避免这样的错误再次发生，我们就要在工作中寻找那种可以“保鲜”的新鲜感，只有不断创造，才会有意想不到的收获。每一份工作都有它自身存在的意义，只要我们能去寻找，去开发，都会有所收获。

责任是与生俱来的使命，它伴随着每一个生命的始终。一个缺乏责任感的人，或者一个不负责任的人，首先失去的是社会对自己的基本认可，其次失去了别人对自己的信任与尊重，甚至也失去了自身的立命之本——信誉和尊严。

一对兄弟，因家境贫寒，在外卖豆浆维持生计，每天早晨，天刚蒙蒙亮就起床了，两个人沿街叫卖，赚到了几文钱，弟弟就说，我们把赚来的钱拿回家给母亲，让一家人过活。我们把剩下的一碗豆浆一人半碗，作为奖励。这半碗豆浆就是他们劳动之后的成果，是生命中愉悦的奖赏。自我奖赏的办法也是工作中不可或缺的激励机制，激励自己“百尺竿头，更进一步”。

试着让自己的生活中小惊喜不断，永远把目光投向事物光明的一面，要做到这一点其实并不难。这样做的好处，可以收到持续的良效。用积极的心态看待事物，现在的所在点也许与心中的理想点之间，还有很大一段距离，但要实现从这一点到那一点的路径却有千条万条之多。这是一个慢慢摸索的过程，但不论怎么走，都不能偏离属于你自己的主线。

许多工作多年还没有找到最佳定位的职场人士，必须将自己定位在一定的专业领域，把自己的成功，建立在已有的经验基础之上。

如果你发现自己已经爱上了自己的工作，在原来的行业中坚持下去，你就有可能成为行家里手，从而到达胜利的彼岸。

优秀员工对待工作总是满腔热忱，他们对待工作的态度不但立足于本职岗位，而且忠诚于本职岗位，对于大多数人，从他步入职场到退休离开工作岗位，大约平均有 30 年的时间，每个人都希望寻找到一个自己的兴趣所在，在能力所及的情况下，找到一个待遇优厚、有保障、有前途的职位。为了达到这个目标，我们在工作中要随时给自己充电，别让自己在职场激烈的竞争中发生“短路”。

3 认清自己，丢掉那些“不平衡”

世界上的事大多都是不平衡的，这是因为我们没有用平衡的心去衡量它。心理的不平衡引起了世界的不平衡，总是感到别人多了，自己少了，或者是自己好而别人差，则其心理便感到平衡了。这是自私的心理在作怪。这种心理就像慢性毒药，缓慢地侵蚀着我们的心灵，不让快乐产生，并使成功的力量逐渐消耗殆尽。因此，我们必须走出“不平衡”的心理误区。

当今社会是适者生存的社会，是高效率、快节奏、充满竞争与挑战的时代，这个时代，“商场如战场”，瞬息万变。在这样的形势下，人类怎样保持心理平衡，使个人的心理处于健康而良好的状态，就需要认真考虑。

第一，要消除挫折感，则应把目标定在自己能力范围之内，稍有提前量，不努力达不到，尽心尽力能够超，心情自然就会舒畅了。有的时候把一些事情寄托在他人身上，达不到要求就会很失望，其实不要把自己的标准强加给别人，每个人都有自己的特点，自己的优点和缺点。要让自己适应他人的思想，不用强制别人迎合自己。

第二，学会疏导自己的愤怒情绪。要知道，在自己大怒时什么事情都有可能发生，会出错，会失态，所以说，最好不要让自己后悔的事发生。

第三，有时也要学会委屈自己。做大事的人都注重大事，有些事只要大的方面不受影响，俗话说“大丈夫能屈能伸”，在小的方面，能妥协就不必坚持，不要给自己找麻烦。

如果你认为，自己的工资低了，就以降低自己的工作质量来报复老板，那么，你的工资将会更低，受报复的人最后一定是你自己。

如果你因为别人的奖金比你多而不满，你就到处发泄，乱摔东西，结果是你的人格大打折扣，损坏的东西还得照价赔偿。

如果你认为自己没有获得老板的充分信任，就把问题推给别人，结果不但事情做不好，而且以后得到信任的机会也将越来越少。

如果你认为别人干了坏事却得到了升职，于是你也干坏事，可能你的运气不好，被检举，受处罚，很可能因此失去了工作。

由此看来，不满和抱怨没有丝毫好处，反而导致恶性循环，别人因为你的不满和抱怨成为牺牲品，你自己也同样是牺牲品。从心理辅导的层面来说，你越是不满意，越应该用行动证明自己，做出一些令老板满意的工作成果来，慢慢地改变别人对你的为人和工作的评价，从而获得更多的报酬、信任、权限。

就员工而言，一旦有人开始不满或者抱怨，就意味着离开企业的时间不久了，结果很可能面临被辞退的结局。之所以现在没有辞退你，完全是基于目前企业或者业务发展的需要，你虽没有多大的价值，但如果缺少人手或许会有问题，所以老板会暂时容忍你的一切抱怨。一旦新人进来了，你就完全成为多余的人了,那时不走也得走。

爱抱怨的人有一个特点,留下来整天抱怨,叫他离开还是抱怨,离开企业后抱怨社会,再进入企业后还是继续抱怨工作。内心不平衡的员工,也会导致不平衡的人生,这是必然的结局。

所以,要认清自己,丢掉那些所谓的“不平衡”,自己的事情还是要自己来做主,我们常常讲:只有付出,才有回报。

4 把自己看成公司里最重要的人

在公司里总是有人倚老卖老,拿自己是老员工压迫新人。作为新人,刚刚接触公司,还没有理顺思路,不知道如何适应这个环境,所以,找不准处理人际关系的方法。

我们一生当中,有 1/3 的时间都在跟同事相处。同事关系对于一个人来讲,是最重要的人际关系。

如何才能理顺人际关系? 首先,不要争强好胜,避免给自己带来不必要的麻烦。我们可以将老一辈的经验和处事方式学到手,慢慢地积累经验,不断地完善自己,视自己为公司的骨干,让自己成为公司里最重要的人。

其次,善于学习是优秀员工必备的素质,一个人进入工作岗位以后,就要将以前学校中所学的理论知识在实践中加以运用,这是一个再学习的过程。工作之前,将自己放在“零起点”的位置,树立“活到老、学到老”的决心,将学习贯穿于整个工作过程之中,不要把学习与工作分割开,应强调一边学习一边准备,一边学习一边计划,一边学习一边推行。

还要向周围的同事、师傅们学习,随时随地学习,要以开放的思维、包容的心胸学习他们每个人的长处。通过学习及时铲除发展道路上的障碍,适应知识经济时代剧烈变迁的外在环境。

只有通过广泛深入的学习，使自己具备优秀员工的素质，通过学习让我们变得虚怀若谷，兢兢业业，任劳任怨。通过学习，在知识和技能上不断得到提升；通过学习，让自己爱岗敬业，不断开拓进取。

钱晓在公司工作不到一个月，他的业绩和能力都非常突出，但是就因为太突出了，才惹出了麻烦。为了能突出自己，他不仅把自己的工作做好，还处处帮助同事。刚开始大家还都挺喜欢的，但是，渐渐的，大家都和他疏远了。

因为在他眼里，别人都是笨蛋，都不如他聪明，都没有他积极，在他帮忙别人的时候，难免会听到他自己说的一些表扬自己的话，在大家的眼里，他太锋芒毕露、争强好胜，看似帮助同事，实则在为自己的功劳簿上添功。

还有人说："他这个人虽然没有害人之心，但太过于表现自己了，总把别人看成自己的竞争对手，而想方设法压倒别人，特别是有领导在场的时候他更是这样。那次，我的电脑遇到了一个小问题，我叫别人帮忙，正在帮我做事的时候，他却跑过来抢了人家手里的工具修起了电脑，还说'这么简单的事都不会做，你真笨'。虽然电脑修好了，但我心里一点也不舒服，人家又没叫你来帮忙。"

其实钱晓的做法是"欲速则不达"，处处锋芒毕露，到头来只能引起同事的反感，这样的员工是不受欢迎的。

如何使我们成为职场中最重要的人？这要多学一些常识，比如学会建立关系网，一些专业能力等硬件未必很好的人，却能在职场中左右逢源、出人头地，正是得益于他们的人际交往能力。

要想创造有利于自我发展的空间，必须努力得到别人的认可、支持和合作，这种能力不是从书本上学来的，必须在社会生活中自我总结。

多学习经验，从身边的人身上学起，每个人都会有他所经历的不同的经验，可以学习我们在职业中学不到的经验。

想要把自己变成职场最重要的人，首先要知道最重要的人是你自己。这个世界上，失败的人除了天分太差之外，只有以下几点：懒惰、方向不对、方法不对、没有坚持。如果你自己做不到，就不要怪别人。要通过自己的努力完成自己的目标，让自己在公司占有一席之地，有了这些基础，相信我们一定会成为职场上最优秀和最重要的人物。要把自己当成公司的中流砥柱，无论遇到什么困难，都不能后退。

格兰特原来在一家五金工具店里工作，每周的工资是20美元。他刚进商店时，上司对他说："你应该熟悉工作中的所有细节，这样你能成为有用之才。一旦你能证明自己的能力，我就会马上承认你的工作成绩。"

年轻的格兰特能够细心观察，几周之后，他发现老板总是仔细查看进口商品的清单，这些产品是从国外进口的。他便开始研究货物清单，从而认识了国外的一些商人。

有一天，他的老板工作非常紧张，于是便让格兰特帮助整理货物清单。他完成得非常出色，此后，清单检查工作都要由他来把关。

一个月之后，他被招进办公室，商行的两位主要人物会见了他，与他进行了谈话。年长的一位说："我在这一行干了三四十年，你是第一个看到这个机会的男孩，并巧妙地把握住了这个机会。这是一个很重要的职位，也是一项必不可少的工作，我们需要有能力的人来从事这项工作。员工当中，只有你一个人看到这项工作的重要性，并且有能力胜任。"

格兰特之所以能成为商行中的一名管理人员，就在于他能关注这一方面的工作，把自己当做公司里最重要的人，用自己认真的态度赢得了老板的信任。

以上这个故事，说明一个职工只有时刻与企业共发展，才能获得更多的发展。假如你与企业同生死，共命运，企业会给你最大的回报。即便企业不幸倒闭，你也会为自己赢得一笔巨大的无形财富——那就是你的经验。

5　远离职场政治，不搞小圈子

每一个公司都有每个公司的制度，而每个人也有每个人的为人处事之道。刚刚进入公司的新人想要和大家和谐相处，并不是一件容易的事。因为每一组的工作人员都有属于自己的“小圈子”，因为“小圈子”属于办公室政治的一部分，这样的圈子很大程度上是用利益和权力作为纽带来连结的。

孔夫子说：“君子群而不党，小人党而不群。”在公司里、社会上，也有一些圈子是根据共同的爱好组织起来的人际圈，从正面的作用来讲，这种圈子有助于信息的沟通，有助于协作，有助于加深彼此的了解。所以说，要用正确的态度来对待公司中的各种圈子，有趣且良性的“小圈子”不仅无公害，还会让你的职场生活快乐起来，有助于减压。

小青大学刚毕业，属于自由知识分子，为人比较超脱，对乡族观念、宗派观念很淡漠，甚至很反感，这种心理与在大学时同乡会中的境遇有关。

本来远离家乡，老乡互相关照也是正常的，但他看不惯那种没有原则的交情，很多都蒙上了一层私利，甚至发生了“背后打黑枪”的情况。这一切都和他的性格格格不入，他认为，人的接近应该是志趣和价值观的相同，而不是地域和血缘的区分。所以他对那些和他套近乎的人保持着异常的警惕，接触一下，如果可以结交的人就交往，如果无法结交就远远躲开。

毕业后，他进了一家报社，敏锐地觉察到这里的人事关系刀光剑影、错综复杂，各个部门内都分别以地域、毕业学校等渊源划为几个派别，工作中处处磕磕绊绊，老总为了维持正常运转，只好在这些“小圈子”中搞平衡。

小青只求将本职工作做好，拒绝加入任何一方，因而成为双方都不欢迎的人。他跟老总谈了话，老总虽然也感到头疼，但由于体制的原因，无能为力。报社也在这样无聊的内耗中一天天衰败下去，最后，小青觉得不顺心，就辞职离开了这家报社。

“等级分明”的职场，圈子与圈子永远不是平行关系，适时打破泾渭，化被动为主动。从各种冷冰冰的电子讯息、商务面孔中解脱出来，给自己的心灵透透气。有些兴趣爱好的“小圈子”，能有效转移对工作辛劳的注意力，也淡化了本身对快节奏生活方式产生的厌倦感。

但是，如果你所面临的是一个陌生的工作环境，一定不要贸然卷入某些错综复杂的圈子，要知道，公司内外各种势力的明争暗斗，掺杂在一起，包含了无数未知的因素。甚至有些事情，你可能永远也搞不明白。

在这种危机四伏的环境下，小心翼翼和战战兢兢的态度并不是胆怯萎缩的表现，而是对自己对他人负责任的选择。所以，我们作为员工，要远离职场政治，不搞小圈子。

6 不要看不起自己的工作

员工一定要重视自己的工作，把它当做事业来经营。工作本身没有贵贱之分，但是对于工作的态度却截然不同。一个人如果轻视自己的工作，将工作当成低贱的事，那么，他也绝不会尊敬自己。

一家企业要招聘人才，因为考虑到应届生没有实际工作经验，所以给这些毕业生的职位和待遇都不高。他们都需要从基础做起，从一般工人开始。

因此，虽然刚发出招聘广告的时候收到了大量简历，但是很多大学生问过之后都不愿意来这家企业上班，他们认为，一个大学毕业生来做个一般工人，太掉价了。到最后，只有两个人留了下来。这两个人一个是张强，一个是刘风。

张强觉得如今工作不好找，先找一个凑合着干，有工作总比没工作强，骑驴找驴总比饿着强。

相反，刘风觉得自己虽然是大学生，但是没有工作经验，只有从头做起，才能根基扎实，走好以后每一步。

上班之后，这两人的区别就出来了。张强上班懒懒散散，每天工作敷衍了事。一次，二次，三次，领导认为他刚从学校毕业，缺乏锻炼，再加上大家都知道工作不好找，便原谅了他。然而，张强从内心深处看不起自己的工作，总认为和自己的身份不匹配，每天都在应付。结果，适用期还没有到，他便辞职了，又回到社会上，重新开始找工作。

而刘风在工作中完全抛弃了自己高学历的身份，把自己当成一名普通工人，认认真真做好交给自己的每一项工作。半年后，领导便安排他给一些高级技工当学徒。因为工作积极，认真勤快，一年后，他成为了一名高级技工。尽管如此，他依然抱着一种积极的态度，在工作中不断进取，认真负责。两年后，他当上了经理。

许多人认为，自己所从事的工作是低人一等的，他们身在其中，却无法认识到其中的价值所在，只是迫于生活的压力而工作。

他们轻视自己所从事的工作，自然无法投入全部身心。他们在工作中敷衍塞责、得过且过，而将大部分心思用在如何摆脱现在的工作环境上，这样的人在任何地方都不会有所成就。

只要你诚实地劳动和创造，没有人能够贬低你的价值，关键在于你如何看待自己的工作。所有正当合法的工作都是值得尊敬的。因此，一个人如果看不起自己的工作，将它当成低贱的事情，就会因为看不起自己的工作,而使工作本身变得更加艰辛。

当今社会,有许多人不尊重自己的工作,不把工作看成创造事业的必由之路,而是将工作视为糊口的手段,有了这种想法的员工,是没有办法成为一名优秀员工的。

如果你想在自己的岗位上脱颖而出,就要先从做好本职工作开始。

7 主动工作,让自己充满激情

一个优秀的员工,最重要的素质是对工作的激情而不是能力,在面对工作的时候,首先要有热情,它是一种洋溢的情绪,是一种积极向上的态度,更是一种高尚的精神,是对工作的热衷、执著和喜爱。它是一种力量,使人有能力解决最艰深的问题;它是一种推动力,推动着人们不断前进。它有一种带动力,溢于言表,闪亮于言,展现于行,能够影响和带动周围更多的人热切地投身于工作之中。

周启在一家公司做最基层的员工,每月工资1500元。因为他所从事的是设计工作,这么少的工资对他来说,真的是少得可怜。但是他从来不悲观失望,对待每个工作环节都非常认真。

由于他热情的态度感动了客户,一个偶然的机会,他遇到了一个曾经合作过的客户,这一家酒业公司的LOGO是他设计的。老板很欣赏他,想要他来自己的公司工作。周启经过再三思考,决定前去试试。

这是一家大型酒业公司,工作环境非常好。工资也非常的丰厚,老板安排他做内部宣传设计。这是他的专业,正是让他发挥自己才干的好机会。

周启是个对工作非常认真的人,他的设计能力也是一流的,来到新公司之后,他更积极主动地工作,为了不让老板失望,他每天主动加班加点，不断创作出新颖的设计方案，让老板很是欣慰。现在的他，也是这个公司的设计部主任，年薪不菲了，可他仍然不断地努力，不断拿出更好的创意，为企业服务。

周启凭借自己的工作热情，从低层员工到设计部主任，实现了人生的华丽转身。要知道，工作热情并不是身外之物，也不是停留在口头上的、看不见摸不着的东西，它是一个人生存和发展的根本，是人自身潜在的财富。想要有激情地工作，首先要找对方法，有了对的方法才能把我们的激情激发出来。

小辉，在一家软件公司工作，他是一个让大家都特别羡慕的好员工，他的工作热情好像总也用不完。大家都说："他工作起来，就像个疯子一样，什么都不知道了。"不管是什么样的困难工作，什么样的新型研发，在他的手中都会做到最好。别看他的工作成绩斐然，但他还是一个虚心的人，总是找一些老员工交谈，从他们那里学习更多的经验，不断强化自己的专业知识。

一次，老板看他急匆匆地出门，就问他："这么急着去做什么呀？"

可是，他的回答却让大家感到意外，他说："我去见女朋友呀！"大家一愣，老板也觉得奇怪，从来没见过他有什么女朋友呀！

小辉看出了大家的疑惑，他把手中的文件举了起来，笑着对老板说："对我来说，工作就是我的女朋友。"大家听了他的话，都忍不住笑了起来。

小辉把每一件工作都当成是自己的"女朋友"，热情地对待。有了工作热情才会有工作成果。工作热情是一种力量，它使人有能力解决棘手的问题，工作热情是工作能力的前提和基础，工作热情可以促进工作能力的提高。有了工作热情，才会丰富工作成果，才能证明工作能力。当你无法在工作中找到突破点的时候，请重新思考你所从事的工作的意义，是多么神圣而伟大！如果在工作中没有任何热情，到头来，损失最大的一定是自己。

方露是某公司业务经理，她在工作时总是漫不经心，不管是什么样的工作她都提不起兴趣。在她心里，自己不过就是一个平平凡凡的上班族，正点上班、下班就可以了。在工作中，有没有激情都无所谓。

在一次做业务时，她遇到了一个大客户，对方的经理从跟她的谈话中感觉到，她对待工作的态度不积极，客户认为，这样一个大项目，如果交给一个没有工作热情的人来负责，也许会出问题，结果，就借故推辞了她，没有把这个项目交给方露来做，这对她来说，不仅是工作上的损失，同时也让别人对她的工作能力产生了怀疑。

在职场上，很多年轻人都是这样，刚刚踏入职场时干劲十足、激情高涨，可是，时间一长，工作的平淡就会将他们的工作激情消耗殆尽，他们就会觉得自己像个机器人，每天重复着单调的动作，处理着枯燥的事物。要想摆脱职业倦怠的困境，就必须想办法找回最初的工作激情。

首先，明确自己的工作目标，要懂得工作对于自己的意义所在，要知道，自己是为了实现自己的理想而工作，为了展示自己的价值而工作，而不仅仅是为了养家糊口。

其次，要分阶段给自己确定明确的目标，人们往往只在爬坡的时候，才会感到干劲十足，当爬上山顶的时候，反而觉得十分疲劳。所以，人们需要不断地给自己树立阶段性目标，这样工作起来才会有方向、有动力、有奔头，才有助于保持高涨的工作热情。

8 肩负使命，责任重于泰山

在我们的生活与工作中，无论你的职位高低，工作量多少，每一个人都应该负起属于自己的责任，承担自己的使命，对于士兵来说，任务是坚守阵地，对于员工来说，使命就是认真地做好本职工作。

陈刚毅是道路交通行业的一名专业技术人员，他在一个很平凡的岗位上做事，但他凭着自己强烈的事业心和高度的责任感，在平凡的岗位上创造了不非凡的业绩。

参加工作20年来，他始终工作在重点工程建设的第一线，将自己的全部智慧、心血、汗水倾注到了交通事业中，因为他深知肩上的担子有多沉。道路交通设计是一个关乎人民生命安全的工作，使命重大，责任重于泰山。

其实，陈刚毅的学历并不高，他本是一个中专毕业生，但如今他已经是高级工程师了，在工作的过程中，他为了提高自己的专业能力，以只争朝夕的精神，学习新知识，掌握新本领，提高新技能，逐渐成长为一名懂设计、会施工、善管理的复合型人才。

在工作中负起使命不仅需要一种勇于承担的精神，同时还需要培养自己能够承担的能力，培养这种能力，就需要不断地奋斗拼搏、刻苦钻研、勤奋好学、不懈探索、敢于突破、勇于创新。作为一个有所成就的人，不仅要对社会负责，同时也要对自己的行为负责。

美国一个12岁的小男孩，在一次与小伙伴们玩耍的时候，把邻近一家的玻璃窗户打破了，这家的主人勃然大怒，大声责问是谁干的。

小家伙们吓得哭了起来，有一个孩子站了出来，承认了错误并请求老人宽恕。老人却十分固执不肯原谅他，让这小男孩回家拿钱赔偿。

小男孩回到家，把事情的经过向他的父亲说明，父亲很生气，母亲一再给他求情，最后父亲说："家里虽然有钱，但是，是你自己闯了祸，就应该由你自己对这个过失行为负责。"说完，父亲给了小男孩一些钱，让他把损坏玻璃的钱赔给人家。但条件是必须想办法赚钱，把这些钱还给家里。

小男孩答应了父亲的条件，从此他一边刻苦读书，一边打工挣钱还父亲，给人家洗碗、捡破烂，几个月过去了，他终于将自己挣到的钱还给了父亲。

父亲欣然拍着他的肩膀说："一个能为自己的过失行为负责的人，将来一定会有出息的。"许多年以后，这个男孩成为美利坚合众国的总统，后来在回忆往事时，他深有感触地说："那一次闯祸之后，我懂得了做人的责任。"

勇于承担责任的精神是一种动力，这种动力让我们积极向上，努力进取。在竞争激烈的职场中，作为企业中的一名员工，责任心是非常重要的。

责任，是一个厚重的字眼，卓越，是一个人价值的囊括。只有承担起自己的责任，实现自我在社会中的价值，才能展现人的意义。

在人生的旅程中，责任是一种承诺，它承载着一个不渝的使命，只有忠实地履行这个使命，才意味着责任的承担，直至理想的实现。

第九章　忠诚敬业，打造职场金牌品质

忠诚是人类最重要的美德之一，它是生命的润滑剂，优秀的员工能将忠诚和努力融为一体，忠实于自己的企业，热爱自己的团队，与老板同舟共济，共克时艰。有了这种忠诚敬业的品质，你的事业才会获得更大的成功，才会在工作中享受人生的快乐。

1 敬业是工作中不可缺少的精神

敬业，就是用一种恭敬、严肃的态度对待自己的工作，但是，什么样的员工才能算得上是敬业的员工？现在很多人对“敬业”的概念感觉很模糊。要知道，敬业不仅仅是加班加点、任劳任怨，敬业应该是一种更高层次的工作状态，它表现在工作中，就是勤奋和主动，就是激情和意志，就是自信和创新。

加班再多，如果没有效率那不叫敬业，如果不懂得自己的健康也是工作的一种资本，不顾健康、盲目拼命地工作，也算不上是敬业，只是机械式地劳动而不用脑子，没有创新，也算不上是敬业。所谓敬业，就是要你从心底里敬重你的工作。为何要对工作心怀敬重？我们可以从两个层次去理解这个问题。

从低层次来讲，敬业是对本职工作有个交代，如果上升一个高度来说，那就是把工作当成自己的事业，要具备一定的使命感和道德感。

不管从哪个层次来讲，敬业所表现出来的就是认真负责，认真做事，一丝不苟，并且有始有终。一个人具有敬业精神，既要认真看待和把握所从事的工作，即“起点敬业”，又要在实际工作中尽职尽责，即“过程敬业”，更重要的是，还要按职业责任有效完成工作，即“结果敬业”。如果只是偶然地达到了某种成效，但与其“敬业起点”和“敬业过程”不相符合，也很难说是敬业。

说到敬业，可能我们很多人都会说：“我很敬业的啊！”我们说的只是口头上的敬业，实际工作中拿不出成效，也不能说具备了敬业精神。人不是生来就有敬业精神的，但是人的敬业精神是可以培养的。

员工进入企业的直接目的是谋生，即获取劳动报酬，眼下的企业管理，就是利用员工的谋生动机，强化考核奖惩。这无疑是有效的，然而作用也十分有限。好的员工会好好工作，对得起自己的工资。思想落后的员工则会投机取巧，有利就做，无利不干。总之，工作是为领导做的，是做给领导看的，工作不是自己的需要。

企业管理理念的升华是鼓励员工利用岗位提升自己、实现自我，工作岗位不仅使员工能够获取报酬，而且为员工提供了增长才干、拓宽知识领域、证明能力的有效途径，要知道，员工进入企业之后，不仅是为了获取报酬，同时，也有提升能力、证明能力的愿望。有了这种动机的应该受到鼓励、支持，没有这种动机的应该启发、引导。

对于大多数员工来说，他们最初的工作动机也许很简单、很平凡，作为领导者，既要鼓励他们安心于简单、平凡的工作岗位，又要启发他们把简单的事做得尽善尽美。

一个不爱岗的人很难做到“敬业”，一个不敬业的人，就谈不上真正地热爱本职工作。每个人要真正地做到敬业，就必须从爱岗开始，也就是说，不论做什么工作，不论职务大小，都要立足于本职工作，严肃认真，兢兢业业，脚踏实地，一丝不苟；同时还必须树立良好的服务思想，要知道每个工作、每个岗位，都是可敬的，都是人类社会发展所不可或缺的。

服务不是抽象的词汇，它体现在每个人的具体工作之中，所谓：“我为人人，人人为我。”就是最好的体现。

因此，只有树立了良好的服务思想，才能在工作中积极主动，奋力进取，才能保持和他人的精诚协作，才能具备对工作高度负责的精神，无论遇到什么困难都能克服；另外，还必须努力学习和掌握新业务、新技术，在工作中注重细节，力求精益求精。

随着市场竞争的日趋激烈，每个岗位、每个员工的压力都越来越大，工作负荷也越来越重，文化知识、业务水平、技术素质的要求也越来越高。

一个人如果只有敬业的良好愿望，却没有敬业的基本素质，“敬业”的愿望就无法落到实处。

履行职责是每个员工的义务，岗位责任也是社会责任，是社会对于每个公民的义务和要求。所以,每个员工都应该具有明确、强烈的责任意识,工作就意味着责任,没有责任感的员工不是优秀的员工,推卸责任是对自己和企业极不负责的做法,爱岗敬业则是工作责任的延伸。

工作不仅仅是我们为了谋生才做的事,而是我们要用生命去做的事,没有卑微的工作,只有卑微的工作态度,而工作态度完全取决于我们自己。

做事的第一步,是学会端正态度,任何一件事都有可能做好,也有可能做坏,可以高高兴兴地完成,也可以愁眉苦脸、带着厌恶的情绪来做。

如何完成我们的工作,取决于我们对工作的理解,取决于我们敬业的程度。如果我们都能把自己所从事的工作当成自己生命的一部分,享受工作的过程,并且乐在其中,那么,就一定可以在工作中充分发挥自己特有的能力,永远保持积极向上的心态。

因此,在行业竞争日益加剧的今天,爱岗敬业精神是每一个企业员工必不可少的,作为企业经营者,谁不希望上下一心、团结一致,为企业获得巨大的利益,创造美好的未来?

企业要赢得市场,首先必须赢得员工之心。企业的发展,离不开广大员工的"爱岗敬业"精神。如果企业在行业竞争中脱颖而出,得以快速发展,"爱岗敬业"的员工也会从中获得丰厚的收获。

企业和员工之间的关系,就像是鱼和水一样,相互滋养,相互依托,作为一名优秀的员工,就应该从现在开始,热爱自己的企业,热爱自己的岗位,做好自己的本职工作,在自己的岗位上勤勤恳恳,兢兢业业,忠于职守,尽职尽责,以敬业的方式,实现自己的人生价值。

2 对企业忠诚就是对自己负责

员工的忠诚,是对企业的忠诚,对事业的忠诚。员工只有对企业忠诚，才能发挥团队的力量，将众多人的力量拧成一股绳，推动企业向前发展。

在这个世界上，并不缺乏有能力的人，但是，“德才兼备，以德为先”的人却是很多企业用人的重要标准。

这里所说的“德”，主要是对企业的认同，对企业的忠诚，很多企业都有这样的感受，有时候，宁愿使用一个能力相对差一点，但是对企业却绝对忠诚的人，而不愿意重用一个能力比较突出，但在职场上朝秦暮楚、四处投靠的人。

一个员工若想施展自己的才华，离不开企业提供的良好环境和发展空间，所谓“龙潜深潭，虎啸山林”，说的就是这个道理。如果企业不能给它的职工提供良好的发展平台，那么只能是“龙搁浅滩，虎落平阳”，这样的结局对于人才来说，是一种悲剧。

员工要正确看待企业和自己的关系，天下永远没有免费的午餐，你的付出不只是为了公司，为了老板。正确认识企业和员工的关系，是职工具有“负责感”的前提，员工只有依赖企业的事业平台，才能获得物质和精神需求的满足。

做一个有责任心的人，对工作负责，对自己负责。薪水不是工作的全部意义所在，工作不只是谋生的一种手段。正确看待工作中的压力和挫折，用一颗负责任的心对待自己的工作。努力维护企业的利益和形象，认真做好本职工作，恪守职业道德和行业规范，是对企业忠诚的具体表现。

在工作的实际行动中，忠诚的员工不仅要做好本职工作，还要表现出对公司发展和成功的高度兴趣，通过自己的忠诚，获得更大的职业发展空间，通过忠诚的品德获得更大的知名度与人际关系。

都说商场如战场，在这里，也是考验“忠诚原则”的雷区，特别需要提高警惕，人在商战江湖中，切不可掉以轻心，更不能见利忘义。时刻不要忘记你的角色，你需要为公司争取利益，而不只是为你自己。只有公司“发达”了，你才会跟着“发达”，万万不可动起贪婪之心。

有时，公司与你个人在利益上也会发生冲突，这时，你千万不能把公司利益置之度外，为了牟取一点蝇头小利，而出卖公司的利益。在企业面临危机的时候，员工可以将自己与公司命运联系起来，紧紧追随，不弃不离。

对企业诚实，也是为自己的成长和发展负责，只有所有的员工对企业忠诚，才能发挥出团队的力量，才能凝成一股绳，劲往一处使，推动企业走向成功。老板在用人时不仅仅看重个人能力，更看重个人品质，而品质中最关键的就是忠诚度。

如果你忠诚地对待你的老板，他也会真诚地对待你；你的敬业精神增加一分，别人对你的尊敬也会增加一分。不管你的能力如何，只要你真正表现出对公司足够的忠诚，你就能赢得老板的信赖。

我们要认可公司的运作模式，保持一种和公司同舟共济的状态，即使我们个人的意志与企业的整体发展之间出现了分歧，也应该树立忠诚的信念，求同存异，化解矛盾。当老板和同事出现错误时，坦诚地向他们提出来，而不是背后使阴谋，捅刀子。

绝大多数人，都必须在一个社会机构中奠定自己的事业基础，只要你还是某一机构中的一员，就应当抛开任何借口，以自己全部的忠诚对待自己所在的团队。

忠诚的人会主动追求卓越，而缺乏忠诚的人大都在“合格”处就停住了脚步，没有忠诚精神的员工，只会把目光停留在工作本身，哪怕是从事他喜欢的工作，依然无法持久地保持热情。

在企业为生存而奋斗的时期，企业和员工永远都是互生互惠的，对于立志于成为优秀员工的人来说，忠诚是一种义务，是每一个人的立生之本，忠诚是通往成功的捷径，忠诚的最终归宿是绩效，忠诚会让执行更加有效，忠诚的员工会与企业一起成长，一路同行。

3 坚守岗位，不做职场“老油条”

很多一直从事没有任何创意性工作的职场人，不断地重复着机械的工作，或是平时工作业务繁忙，忽视了自身职业能力的提升，久而久之，就会产生一种“老马识途”的心理，虽然说，能够在职业方面积累丰富经验，对于企业和个人来说，都是一件好事，但是，这些经验也可能会成为自己职业发展的障碍。

所以，要不断修正完善自己的职场目标，在办公室里找到适合自己的角色，不断充电，提升自我，聪明地化解职场瓶颈，持续保持职场热度，万万不可在职场中依仗自己的老资格，倚老卖老。

默默是刚刚毕业的大学生，费了好多周折，好不容易找到了一家报社。进入报社以后，默默发现这里的职工年龄都比较大，很难相处。领导指派一个老编辑跟她搭档，上班的时候，这位老编辑总是心不在焉，把所有的工作都交给默默来做，自己整天在网上炒股票，还美其名曰“培养年轻人”。

默默和他一起做搭档，感觉非常累，有时自己把版面设计好，想听听他的见解，可是他从来不会给予任何明确的指示，总让默默自己猜想。最后，默默只好小心翼翼地恭维他，他才告诉默默结果。这样做，总是让默默不能在规定交稿的时间内完成工作，害得默默总是最后一个下班，而且还经常挨领导的骂。为此，默默感到相当郁闷，但是又没有别的办法。后来，她才知道，这个老编辑，已经这样欺负走了好几个年轻编辑，很多年轻人都是因为无法忍受他的这个做派，不得不辞职了。

在职场中有些人年龄比较大，资格比较老，但是工作态度却不认真，他们就是企业中的“老油条”。作为新员工，在企业中与他们的摩擦是避免不了的，烦恼总是接踵而来。对付这些“老油条”，有人会想办法给他们留下好印象，努力地迎合他们；也有的人属于个性派，坚决不向他们妥协，斗争的结果往往是新人黯然离开。

在职场中，我们杜绝自己成为“老油条”的同时，也要学会与“老油条”和谐相处。因为，“老油条”毕竟很有经验，他们的见解和方法也可能成为我们自己工作中的宝贵积累。

有一位三十多岁的老员工，讲述了自己年轻时的求职经过。那时他刚步入社会，没有经验，从小就备受宠爱，从不吃苦。但是，走向了社会以后，谁都不会处处维护一个新人。

于是，他开始了频繁的换职生涯，在第一个工作中，他做了不到两个星期，因为公司里有一群“老油条”从中作怪，他们看不起新人，处处给新人下绊儿，他受不了那里的群体歧视，愤然离开了。

在第二次工作的公司里，也遇到了同样的事，可是他还是没有办法适应，于是接连不断地辞职，换了好几个工作之后，最终在现在的这家出版社站稳了脚跟。这是他几次失败之后，给自己总结了很多经验，学会了如何去和公司里的“老资格”们相处，如何从他们那里“偷艺”。他说，自己不用特意地迎合他们，但是要与他们和睦共处，想办法把他们的经验和技术学到手，这才是对待“老油条”的最高手段。

在职场中，新员工必须以平静的心态看待职场中的风云变幻，如果无法以平和的心态看待事情，一旦遭遇挫折，就认为别人有意刁难自己，采取抱怨、争辩甚至逃避等办法，都解决不了任何问题。

新人能做的就是努力学习，提高自己的工作能力与受挫能力。如果新人在激烈的职场竞争中不懂放低姿态、谦虚接受他人的意见，及早做好职业规划，就很难坚持下去，在工作中要学会合作，以别人的长处弥补自己的不足，尽量将工作做到完美，其次要注意职场小细节，以谦虚、礼貌的态度对待同事，才不会遭到暗算，以至于被迫出局。

4　公司利益第一，个人得失第二

在职场中，大多数员工都能够做到以公司利益为重，但是，当公司的利益和个人的利益冲突时，能够坚持"公司利益第一，个人利益第二"的人并不多见。

对于一名时刻站在老板的立场上考虑问题，自觉维护公司利益的员工来说，他们不会为了自己的利益置公司利益于不顾，他们会像老板一样思考公司的发展，会把公司的理念落到实处。

王娟是一家房地产公司的销售人员，她在工作中表现得积极主动、勤奋努力、顾全大局、时刻以公司利益为重，在楼盘开盘以后，她个人销售住宅51套，名列销售中心第一名。

在王娟成功的背后，有她家人的理解和支持。有一年的夏天，从小把王娟当成宝贝一样呵护的爷爷病危。在病床上，爷爷无数次念着自己疼爱的孙女的乳名，可是，通情达理的父母想到女儿的工作正在紧张阶段，不想让女儿为家事分心，未将实情告知远在外地工作的女儿，一边默默地承担着繁重的农活儿，一边照顾老人，直到老人去世。王娟为了工作，错过了与老人见最后一面的机会。

王娟得知爷爷去世的消息后，没有任何怨言，独自忍受着失去亲人的悲痛，仍然忙碌在销售一线。并表示"爷爷已经走了，唯一回报爷爷的方式，就是自己努力工作，把爷爷生前要自己干好工作的叮嘱落实在工作中，让爷爷安心地一路走好。"

公司总经理偶然得知此事后，十分感动，"没有什么比失去亲人更痛苦的了，而我们的员工和亲属们为了公司默默承受着一切，我们一定要用我们的真心慰问他们的老人并褒奖我们的员工。”

老板亲自安排公司总经理助理和办公室主任，带着慰问金前往王娟家中，慰问了王娟的父母。当王娟年迈的父母眼中噙着泪水，用颤抖的双手接过公司的慰问金后，激动地说：“公司不仅为孩子安排了工作，公司领导还这么细心关怀我们一家人，我们的孩子只是做了她自己该做的事情，以后一定要让孩子安心工作，把工作干好，不要想家，不要牵挂家里。”

王娟，作为公司一名普通员工，在公司最需要的时候，为了公司利益不计个人得失，用自己的实际行动为我们树立了一个榜样，她的这种牺牲自己，谋求公司发展的精神值得我们每一位员工学习。

在当前严峻的市场竞争的形势下，如果每位员工都能像王娟那样，以公司为家、全心投入、努力工作，企业和员工也一定会在激烈的竞争中克服困难，全面完成各项经济指标。

在公司中，我们经常会遇到这样的情况，你本应站在公司的立场上说出自己的想法和见解，或是你本应从公司的利益出发，来实施某些措施，然而因为你的立场和措施可能会改变公司长期存在的一些习惯，甚至触犯了他人的既得利益，所以你不得不放弃自己的立场。

要知道，如果把公司的利益放在个人利益之上，你就不会计较个人的得失，不会害怕因为维护公司的整体利益，得罪某些人。

所以说，一个优秀的员工，不仅是在面对个人利益和公司利益发生冲突的时候，能够积极维护公司利益的大局，同时，在职场中，也不会拿公司的原则送人情，看到有损于公司利益的事情，要敢于出面制止，这样的人，才不失为一个优秀员工的称号。

5 埋头苦干也要懂得协调

某些人在现代职场中很努力，但是，他们有着严重的个人英雄主义倾向，喜欢自己单打独斗，不愿意与团队合作。眼下的时代，是一个靠团队取胜的时代，若要获得成功，单靠一个人的苦干是远远不够的。喜欢单打独斗的人，往往在工作中付出很多，却得不到自己想要的结果，所以，经常牢骚满腹，抱怨自己生不逢时。其实这样的人，要懂得适时调整自己的心态，把自己融入到集体当中，不要让自己一头扎进事务堆里，如果自己的做法得不到大家的认可，就会感觉自己蒙受委屈，心怀抱怨，如果你正处在这样的情况当中，希望从自身查找一下原因，总结教训，调整心态。

小陈就是一位典型的“职场老黄牛”，他在外企公司做职员，但是，他的性格很内向，不善于与人沟通。虽然在公司里任劳任怨，但是他的工作业绩却始终上不去。他在这家公司一干就是五年，可是，他的职务却始终没有得到提升。他把大部分时间都用在无偿的加班上，尽管他把自己手中的工作做得很出色，但是，他跟部门之间的协调却总是合不上拍，所以，尽管他工作很努力，却始终得不到老板的赏识，每一次晋升名单中，都没有他的名字。

小陈说：“有一次，我在公司里加班被老板看见了，我以为自己的表现会得到他的赞赏，但是，没有想到，老板在第二天的例会上，却批评了我，他说我工作不讲效率，加班的原因是因为跟公司里上一个部门没有协调好，在周五的时候没有处理完这个文件，所以才会加班。”

小陈受到了老板的批评之后，心里很郁闷，他一直想不通为什么会这样，总是在私下里抱怨老板不公平，甚至产生了辞职的念头。

像小陈这样的员工，在很多公司里都存在，他虽然也是埋头苦干，但却忽略了与公司其他部门的协作，忽视了同他人的沟通交流的重要，忽视了在公司里工作必须依靠团队的意义。这样的员工通常有一个认识上的误区，他们错误地认为，工作时间越长，越能显示出自己的勤奋，也就更能得到老板的赏识。

其实，埋头努力工作，不等于盲目地加班加点，现代的职场实干家，往往是能想在老板前头的人，未雨绸缪，替老板考虑问题，有了正确的方向之后，埋头苦干才会事半功倍。如果不注重结果，不找对方向，只是一味地苦干，是远远不够的。所以说，我们现在的职场，“只管拉车，不管看路”的员工，已经不能适应新时代的要求，现代人要学会苦干的精神，但同时也要找对方法。要讲究工作效率，在最短的时间里，做出最大的成绩。

一个员工，从普通到卓越，这个过程不仅靠苦干，同时也要动脑子，对于一件用常规无法解决的问题，就要采取非常规的方法来解决，在工作当中，懂得巧干而不是蛮干，因为成功只垂青于那些有头脑，能应对变化的人。

小刘是一家企业的打工者，他没有太高的学历，只是一个普通院校毕业的大专生。所以，在公司里，老板不会给他一份太好的工作，在公司办公室里给人打杂，负责打扫总经理办公室的卫生。但是，他并不气馁，刻苦自学本科的课程，并通过了自学考试，得到了文凭。

小刘的口才很好，有了文凭之后，他被一家公司录用为业务员，这个工作很辛苦，又经常出差。小刘就利用路途中的零碎时间自学英语，继续考研，工夫不负苦心人，最后，他终于通过了硕士研究生考试，在职攻读研究生。

在读研期间，他仍然作业务，每天起早贪黑，周六周日还要到学校去上课。就这样过了三年，当他拿到研究生毕业的文凭时，他在公司里也已经成了金牌业务员。

老板很器重他，提拔他当上了公司业务部经理，小刘很珍惜这个来之不易的工作，希望自己能在这个公司里长久地干下去，他认为，恰恰是因为老板的关照才使得他为公司做出了很多的业绩。后来，在他的刻苦努力下，职务不断提升，才有了今天的成就。

只有不断努力，只有埋头苦干才会做出更大的成绩。但客观地说，“埋头者”的特点使得他们容易被忽视、被埋没，但是，大到一个国家，小到一个部门，如果想要推进事业，就一定不能埋没这些埋头苦干者的功勋，鲁迅先生说过：“我们从古以来，就有埋头苦干的人，有拼命硬干的人……这就是中国的脊梁。”

在今天的现实生活中，也有许多埋头苦干的人，他们老老实实做人，实实在在干事，不满腹牢骚，不刻意包装自己，坦然地接受生活中的起起落落，正是因为有了这样的人，才能推动社会向前发展，推动各项工作和事业的发展。不管形势如何变化，时代如何发展，这个基本道理永远都不会变，毛泽东同志说过：“大公无私，积极努力，克己奉公，埋头苦干的精神，才是可尊敬的。”因为他们不太在意官职的大小、地位的高低，只是看重是否可以让自己尽情地施展才华。

事实充分证明，在任何单位里，埋头苦干者受到尊重和重用的地方，一定会团结和谐，事业兴旺；埋头苦干者被埋没、受冷遇的单位，必然是人际关系复杂、工作效率低下的地方。

所以，任何一个单位，都应该对埋头苦干的人给予应有的尊重，每一个员工，都要具有埋头苦干的精神，同时也要懂得团队协作，只有这样，才能实现企业与员工共同发展的目标。

6 与上级沟通不可口是心非

中国有句俗话，叫作“看人下菜碟”，见什么人说什么话，只要能达到目的，不惜口是心非，当面一套，背后一套。但是，这种做法在工作中是不可取的，下属要赢得上级的肯定和支持，很重要的一点就是要让上级感受到你的坦诚，对领导当然也不例外。

一个员工来到一个公司之后，第一件事情就是要做人坦诚，言行一致，不要给人留下不坦诚的印象。但是，也有这样一些下属，一旦在工作中出现纰漏，就会感到内疚、自卑，甚至后悔不已，但是，发现了错误之后的态度不是积极补救，而是尽量掩饰，推脱责任，给自己寻找借口。

事实上，犯错误的本身并不可怕，可怕的是口是心非的态度，如果在发现问题之后，尽早与上级沟通，事后尽量补救，而不是口是心非地百般搪塞，问题一定会得到很好的解决，要知道，办法总比困难多。

在战国时期，廉颇与蔺相如之间“将相和”的故事之所以能够流传千古，就是因为廉颇和蔺相如都是言行一致的人，当廉颇发现了自己的错误之后，不是为了爱面子，遮遮掩掩，而是主动地“负荆请罪”，用真诚的行动化解了矛盾。

我们所说的口是心非，是指那些当面一套背后一套的小人作风，但是，也不要把对领导的赞美片面地理解为“拍马屁”。

每个人都有自己的弱点，当领导的也不例外，当领导的人也希望得到下属的赞扬，你要适当地找出领导的优点和长处，在适当的场合，给予领导诚实而真挚的赞美。你可以请领导畅谈他值得骄傲的东西，请他指出你应该努力的方向，你要恭恭敬敬地掏出笔记本，把他谈话的要点记录下来。这样做，会引起他的谈话的兴趣，他会觉得你是一个对他真心钦佩、虚心学习的人，是一个有培养前途的人。

在公司里，与上级很好地沟通，保持一种和谐的上下级关系，绝不是阿谀奉承，也不是人际交往庸俗，我们不妨观察一下，几乎在所有的领导眼里，都由他信任的人来负责主要的部门，上级之所以把某个人安排在这个重要的岗位上，一定有他的原因，但是，在大多数时间里，我们并不了解领导，在认识事物的方面，存在很大的差异。

那么，我们怎样判断口是心非与正常的交往之间的区别？这个区分关键在于人的内心的态度。比如你与一个客户合作，过程非常别扭，可是，到了最后，你还会满脸笑容地说："跟你合作非常愉快，希望还有下次合作的机会。"

再比如：明明你对领导非常反感，也非常讨厌溜须拍马的那一套作风，但是，如果某一天，领导的心情非常好，叫上你去参加他的一个聚会时，你还会做出激动无比的样子，这些做法都是双重人格的表现。

有一个部门刚刚来了一位新领导，原来一直代理"一把手"工作的女领导，突然委屈地坐了部门的"第二把交椅"，这让她的心中非常不快。所以，一有机会，就跟自己的老部下抱怨新来的领导有多么愚蠢。

这天，她正在对自己手下的一个科长描绘那个新上任的领导在总公司会议上出尽洋相的事。突然，这个新来的领导推门从外面走进来，这位女领导的脸色马上转为和颜悦色，满面春风地跟"一把手"打招呼，并且还讨好地说："昨天你在总公司会议上，那个发言真精彩，您对公司提的那个建议，绝对英明！"

"一把手"笑容满面地点点头，走进自己的办公室，她看着"一把手"关上门，又一脸俏皮地对下属吐吐舌头，说："真没办法，人总得有点礼貌吧。"因为在最短时间内，连续不断地展示"口是心非"的嘴脸，这位女领导的形象也在老部下的心目中大大地贬值了。

在公司里，拥有话语权的人就是"一把手"，"一把手"作为老大，最容易遭到口是心非者的攻击。作为领导者，最要警惕自己身边的“口是心非”者。

一位在领导身边工作多年的人，总是喜欢在领导的背后指指点点，但是，他自己为了得到晋升高级职称的机会，不惜把领导的名字加在自己论文的前面，当领导让他承担一个项目的时候，项目运作失败时，他又把责任全部推到自己下属的身上，这种人绝不是个例，他们像幽灵一样，充斥在社会的每个阶层，甚至让人防不胜防。

其中至关重要的一点，就是在真诚和坦率的基础上，建立一种有效的沟通渠道，用一种恰当的方式，把自己的态度、意见、建议完整地表达出来，有话说在当面。在适应职场规则的同时，并不意味着彻底抛弃真性情，切忌阳奉阴违，私下议论和传播上司的隐私，发泄对领导的不满。如果部门同事对上司有一致意见，只要是正确的，而且对部门及工作有利，可以联名致信“大老板”。私下议论于事无补，而且促成低效率，你若一旦有了“口是心非”的劣迹，就是自毁形象的做法，实不足取。

在当前的职场中，形成了这样一种风气，很多人在口头上，对“口是心非”的人痛恨有加，但是轮到他自己做事的时候，也未能免俗。

如果想在职场中杜绝“口是心非”这种职场顽疾，首先要从每一个职场人严格自律开始。

7 人做事，天在看，不占公司小便宜

在当前的社会，有很多司空见惯的事：清洁公司的员工，家里从来不用花钱买洗涤剂；在肉联厂工作的员工，家里连宠物狗都吃够了火腿肠；在卖场工作的营业员，连亲戚家装垃圾的袋子，都用卖场的购物袋。

如果有一天，你指出他们的行为是对企业的不忠，也是一种盗窃的时候，他们一定会认为你是小题大做，因为他们认为，“靠山吃山，靠水吃水”

是天经地义的事，把这种“占公家小便宜”的行为，已经当成了一种必然。

这样一些爱占小便宜的员工，可能是公司里的元老，也可能在创业初期是领导的左膀右臂，但是，就因为爱占小便宜这一点，足以让领导对你的人格全盘否定，因为这涉及到一个人的人品和道德问题。

或许你会觉得，你在“占便宜”的时候，做得天衣无缝，每一次都没有被老板发觉。但是，别忘了，“要想人不知，除非己莫为”，做了亏心事，早晚都要还。

如果有那个绞尽脑汁想占便宜的心思，就不如考虑一下，如何提高自己的职场竞争力，有了能力，长了工资，生活自然就会好起来，何必非要用“占小便宜”的方式，来玷污自己的人品呢？

某跨国公司经常收发传真、打印文件，这就需要用到大量的纸张。小张是这个公司里一个部门的负责人。在他手下，有两个员工，小吴和小赵。他们的任务就是负责处理这些纸张，这中间就难免会有出入。小吴在收到打印纸的时候，每次都会留下一两包，然后在下班的时候，偷偷地把打印纸带回家，等他积累到一定数量的时候，就把这些打印纸低价卖给复印社，自己从中牟取利润。时间一长，小吴的胃口越来越大，私自留下的纸张数量也越来越多。

他的举动被小赵发现了，最初发现时，小赵觉得大家都在一起工作，不好意思把话挑明，只是旁敲侧击地提醒小吴，不要这么做。可是，小吴置若罔闻，后来，小吴越来越明目张胆，小赵也怕小吴继续私自截留纸张的事一旦被领导发现，自己也一定会受到牵连。最后，小赵只好向上级报告了这件事。结果，小吴不仅受到了严重的处罚，被开除出公司，还扣除了一个月的工资作为赔偿。

“贪小便宜吃大亏”，这是一句人人都知道的俗语，但是，却还是有人觉得，公司那么大，占点小便宜不过九牛一毛，从公司里拿回一些打印纸、图钉、信封、曲别针，都是一些小物件，也值不了几个钱，算不了什么大事。甚至有人还觉得，公司能发展得这么好，其中也有老板剥削自己的那一部分，所以说，跟自己给公司创造的价值比起来，自己拿这点小东西根本算不得什么，简直不成比例。

但是，中国有一句古话叫“慎独”，我们中华民族对人的道德操守非常重视，在公司里随便拿一点东西，往小处说，是一个人爱占小便宜，往大处说，涉及到一个人的人品和道德。

每个人在公司里的口碑，不是别人说的，而是自己做的，有时候，仅仅为了得到一点蝇头小利，而失去的却是别人对你的信任和自己人生发展的机会。

在一家公司面试时，有一个小姑娘表现很出色，大家都以为她一定会被企业选中，可是，在休息的时候，人力资源部的人事专员走进洗手间的时候，刚好跟刚才参加面试的那个女孩碰面，人事专员发现女孩的背包鼓鼓囊囊的，因为刚才在面试的时候，她注意到女孩的背包是空的，可是现在却发现她包里有一卷手纸，因为手纸卷比较大，背包的拉锁都没有拉上。

人事专员马上看了一眼洗手间的手纸盒，她发现手纸盒已经空了。她知道这不可能是保洁人员的疏忽，因为公司规定每天早晨，保洁员都要检查卫生间的手纸盒，绝不会出现这样的事情。人事专员看了这个女孩一眼，什么也没有说，回到办公室以后，她把那个女孩的简历撤掉了，换成了另外一个刚才没有被她选中的人。

因为很不值钱的一卷手纸，就让那个女孩失去了一次宝贵的机会，实在是得不偿失。是的，任何一家公司，谁都不愿意聘用这样的员工，所以，年轻人要时刻提醒自己，别让自己因小失大，成为“爱占小便宜”的人。

一家公司从事电话直销业务，每月的电话费自然不会少。可是，精明的总经理发现，自从几个新员工进入公司以来，业务电话的费用突然增加了，这是怎么回事呢？他派自己的助理去电话营业厅打印了一份电话清单，然后让自己的助理核对客户电话，经过一段时间的调查，发现了其中有好几个陌生电话，而且每次的通话时间都很长，有时甚至达到了两个小时。

原来，这几个月来，几乎每天晚上下班以后，都有几个员工借故加班，等总经理走了以后，他们用公司的电话给家里打长途，所以电话费才会猛涨。

总经理发现了这个情况很是气愤，于是在全体大会上，对员工这种自私的行为表示了强烈的不满，并对责任人给予严厉的斥责。

在这几个偷偷打电话的人当中，有一个已经快要升职做经理了，就在这关键的时刻出了这个事，在公司里闹得沸沸扬扬。后来他感觉自己在这个公司干不下去了，只好辞职。明明是大好的前程，就为了省那几百块钱的电话费，把自己的职业生涯给毁了。

老人们常说“人在做，天在看”，不要以为你的行为非常保密，别人永远不会发现。工作和做人都是一样的道理，只要诚恳地做事，老天也会帮忙，但是，如果你总是耍小聪明，认为你的行为很高明，就不会得到上天的保佑，要知道这个世界是公平的，“傻人”自有“傻福气”。

8　服从不仅是军人的天职，也是工作的需要

有人说：“服从是军人的天职。”其实在公司里，服从也是员工应该具备的素质之一。员工只有具备了这种服从精神，才能提高自己的执行能力。在工作当中，服从是工作的推进剂，能给人的行动催生无穷的勇气，激发人的潜力。无条件服从上级安排的员工，在任何一家企业里，都会受

到领导的重视,只有这样才能产生惊人的力量。

但是,要提醒员工注意的一点,服从不是一种盲目的行为,当上司发出任务的时候,你一定要充分理解上司的意图,明确自己的任务,如果你知道自己不能完成这个任务,或者在完成的过程中,需要得到上级的一些配合,也要说出来。很多人在接受上级任务的时候心中抵触,但是,又不敢当面冲撞领导,只是在心中暗自跟领导较劲。这样做的结果往往是两败俱伤,从领导的角度说,你没有很好地完成任务,影响了公司的业务发展,从你个人的角度来说,领导分配给你的工作没做好,也会让上司对你的工作能力产生质疑。

在工作中服从,也是需要一点智慧的,所谓服从,要先"服"而后"从",当你接受一项工作的时候,就要想尽办法来完成这项工作,你可以再"服",在"服"的阶段,提出你的疑问,但是一旦进入"从"的阶段,你就要全力以赴,想办法克服一切困难,最终实现你的工作目标。

人常说"小公司大社会",对于员工来说,服从是优秀员工成长的第一步,在企业中,每个员工都有义务服从上级的安排,就如同在军队里,每一个士兵都必须服从上级的指挥一样。大到一个国家,小到一个部门,任何一个成功都取决于员工是否能够完美地贯彻公司的理念,也就是说服从的程度决定了行为的完美度。在实际工作中,服从不仅是对上司的尊重,同时也是一种对本公司高度负责的精神,这种精神有助于个人职业生涯的成长,所以说,服从的最大受益者,是员工自己。

优秀的员工对上司的服从,是在对工作经过辩证思考、仔细分析的基础上,无条件地执行,他们在工作中,不找任何借口,快速、认真地贯彻上级的指令。

而那些自甘平庸的员工,对上级下达的指示,永远停留在鹦鹉学舌的阶段,在不理解上级意图的情况下一味附和,言听计从,在执行的过程中,一旦遇到问题,马上一败涂地,铩羽而归,把责任推给领导,认为反正自己执行的是领导的命令,就算有错,也是领导的错。

所以，我们在工作中，在执行上级命令的同时，一定要认清自己的责任。特别是在原则问题上发现错误时，每个人都有责任站出来，指出问题的关键所在。

如果发现上级的指令有错误，要在没有开始执行之前，及时向老板坦诚地提出自己的看法和建议。而不是明知不对，却不肯指出，只是盲目地顺从老板的决定，但是，等到这个决定酿成大错的时候，又不愿意与老板一起承担责任，这种员工绝不能算是服从的员工，我们讲敬业，讲服从，并不是要求员工消极、被动，毫无原则地执行老板的命令，而是应该充分发挥自身的主观能动性，在认真分析、研究领导交派任务的基础上，结合企业的实际情况，目标明确地执行。

在不明白的前提下，很少人能做到心悦诚服地接受管理者分配的任务，所以说，员工在开始执行上级下达的指令之前，一定要对这个任务有所认识，发现这个使命的重要意义，所以才会产生完美的执行过程。

被管理者只有真实地认识到不打任何折扣地执行任务的必要性，才能够心悦诚服地服从管理者发布的命令。这样才能使得上下级之间相处和谐，使企业的工作得以顺利地开展，“把信送给加西亚”这种完美的执行奇迹，才可能在企业中出现。

一个人服从的程度，取决于他对待工作的态度，在每一天的工作当中，细微的小事都可能暴露你内心深处的秘密。

某公司有一个员工，态度很狂傲，认为自己的能力远远地超过了他的上司，所以，他在办公室里做普通文员，心里总是感到很委屈。领导让他起草一份材料，他的心里很抵触，因为他根本没有把领导放在心上。一整天的时候，他都在网上东游西逛，还偷偷地看了一次黄色网站。

快到下班的时候，领导问他：“我让你准备的材料，准备得怎么样了？”

他却漫不经心地问：“准备什么材料？我忘了，明天再说吧！”

他的做法让上司很没有面子，上司生气地说：“你怎么能对我交给你的任务这么马虎？我说的话你全不放在心上！”

这个员工一贯看不起他的上司，他发现领导发火了，不但没有立刻道歉，反而大大咧咧地扬长而去。他的做法让领导非常生气。到了年底的时候，领导负责对员工综合考评，这个人没有通过考评，被企业解聘了。

很多企业中，都有这样一些职工，他们平时在工作中的表现似乎是恃才傲物，潇洒自在，满不在乎，实则是在自己和上司之间人为地划上了一条鸿沟，你走你的阳关道，我走我的独木桥，自行采取了隔离政策。这种做法最不利于组织内部的团结合作，对于工作和事业也有莫大的危害。

对于一个员工来说，如果想在企业中得到长足的发展，就要具备一种平和的心态，在工作中不断提升自己的执行能力，而不是由着自己的性子一意孤行。

第十章　与团队共同成长

优秀员工不是在企业中表现个人英雄主义的好汉，而是具有高度团队精神的真正英雄，他们会与企业中的其他员工齐心协力，朝着一个目标努力，在实现企业最终目标的同时，实现个人的人生理想。

1 时势造英雄，英雄靠团队

很多职场新人，在初入职场的时候，都会有一种“初生牛犊不怕虎”的生猛劲，在工作中喜欢表现自己，喜欢单枪匹马地逞英雄。个人英雄主义的精神固然也很宝贵，但是，在现代企业中，仅凭一个人的能力和经验已经不能应对所有的工作，任何一个成功的企业，都必须先行获得团队的成功，然后才是个人的成功。

小鱼只有融入大海，才能获得最好的生存环境，人只有融入团队才能发挥自己最大的能量，创造出骄人的业绩。如果你在“世界五百强”企业里工作，即使你不是一个英雄，但你也会被人看成是成功者，因为你的成功不是来自你个人的努力，而是来自人们对你身后强大团队的认可。

假如你所在的团队惨遭失败，那么哪怕你个人再有本领，也不会成为人们认可的英雄。要知道，英雄只能存在于英雄的团队里，如果在一个团队中，所有的成员都时刻想着如何把自己的工作做得尽善尽美，如何才能让公司获得最大的效益，哪怕是在前进的道路上出现再大的阻碍，也会在这样强有力的团队的脚下变成坦途。

但是，我们很多员工并不是“世界五百强”企业中的一员，也许目前正在一个小公司里工作，但是，这并不会妨碍你成为优秀团队中的一员，因为无论公司大小，都是由每个员工个体组成的，一个优秀的员工首先应该热爱自己所在的企业，认同自己所在的企业的文化理念，并且能够在其中担当起自己的职责。

在团队中，每个员工都不要轻看自己的价值，要相信每个人都有自己独特的作用，即使一个巨大的机器，也是靠每一个小螺丝来固定的，所以不能因为机器巨大而轻视螺丝钉的作用。

小明在读书的时候就立下志愿，将来一定要到大城市去闯出一片天地来。毕业后，小明单枪匹马地来到北京。

来到北京之后，这个城市的一切对他来说，都是那么陌生。几经周折，小明终于找到了一份工作。可是，由于他没有经验，加上所学专业也不对口，在这个公司里，小明的工作业绩一直很差，就在他心灰意冷，准备"打道回府"的时候，他所在公司的同事和领导给了他巨大的鼓励和帮助，领导告诉他怎么和客户打交道，而一些同事还把自己的一些客户资源介绍给他，带着他去走访客户，帮助他走出困境。

小明在领导和同事们的帮助下，迅速打开了工作局面，于是他很快融入到团队中。如今，小明已经连续三年被评为区级劳动模范。

看到自己现在的成绩，小明意识到：一个人只有在团队中才能生存发展，才能在职业生涯中取得成功。只有大家合作，才会众志成城，战胜一切困难。

所以，在公司里养成良好的与人合作的习惯，直接关系到青年人的前途，作为初入职场的年轻人，尽快在工作中找到自己的合适位置，学会与人相处的能力，在团队中认同共同的价值，积极投身社会实践，这样做不仅可以让自己得到最大的收获，而且还可以提高社会交往能力。

如果在职场中不懂得与人协作，只想个人出风头，这样做是很难融入团队的，最后也不会在职业发展中得到别人的帮助。

有这样一个真实的职场故事，一位毕业于名校的大学生，在学校读书的时候，她就是有名的才女，不仅专业技能很强，而且文采也极好，毕业时，她顺利地进入一家著名的国企。

来到公司之后，由于她的个性争强好胜，得罪了身边不少老员工，也有人善意地劝过她，不要太出风头，但她却对别人的劝告置若罔闻。

一次开会的时候，领导让大家拿出自己的建议，对于公司的工作流程，没有人持有异议，只有她，抢着发言，指责公司的用人制度。她的话打击了很多人，这让大家对她心生反感。后来大家都开始冷落她，这位像骄傲的公主一样的高才生，在这家企业工作了不到半年，就被迫辞职了。

虽然在公司里处处爱出风头的人不受大家的喜爱，但是，在团队中甘当花瓶、做“没嘴葫芦”的人，也不足取，更不要因为自己过分谨慎，而使自己在公司的团队中可有可无。

人常说“说得好，不如做得好”，人有两个眼睛一个嘴巴，这种奇妙的结构就是让人多观察，少说话。每个企业里都有一些最后发言的员工，他们本来才华横溢，很有创新能力，但是，他们不会在没有考虑成熟的时候，就急于表现自己，但是，当他们一旦把自己的想法亮出来的时候，就会让人眼前一亮，因为，他们的想法都是经过深思熟虑得出来的。

在一个知名企业中，人才济济，竞争非常激烈，这个公司每周都有一次例会，讨论公司的计划、项目进展等。开会的时候，大家都会争先恐后地表达自己的见解和看法，而小剑却安静地坐在一边，一言不发。其实她也有很多想法和创意，但是她会观察一下别人的反应，她怕自己把意见表达出来以后，被同事们认为是爱出风头，更怕自己的想法不合领导的意图，所以，她干脆来个“徐庶进曹营，一言不发”。

久而久之，这位在学校读书时的佼佼者，却被同事们遗忘在角落里，逐渐的，同事们因为看不到她的实力而藐视她，当她发现这个问题很严重的时候，想要挽回已经晚了，最后只好自己辞职离开了。

很多时候，团队中一些事情如果不细分到某个员工身上，员工们往往不会主动去完成它。被问及原因时,其答案是:“这与我无关,又不是分到我头上的任务。”他们认为,不是自己分内事就没必要操心。其实,别人的工作,只要是这个团队中的任务,每个人都有责任认真对待,发现了别人工作中的漏洞也要及时补救,这才是优秀员工的职业道德。

通过多年以来的职场实践发现,利用团队的力量去解决问题,总要比发挥个人英雄主义的力量大得多,集体的智慧和力量确实比个人要强大很多倍。

当我们因业绩突出而受到公司奖励时,我们应该清楚地意识到,这是集体的力量使自己取得了这样的成绩,千万不要把全部功劳都揽到自己名下。要懂得感恩团队,真诚地融入团队当中,这才是一个优秀员工的身上所应具有的品质。

俗话说:“独木难支。”如果失去了团队成员的帮助和扶持,就算个人的能力再强,也往往难以获得成功。

2　与同事相处,要做到以诚相待

在公司里与同事相处,气氛越融洽,大家的心情就越好,工作效率自然也会随之提高。但是,人性是多面的,每个人的心里都有着不同的想法,要想长久地保持和睦的工作气氛,也不是一件容易做到的事情。

同事是与自己一起工作的人,与同事相处得好坏,直接关系到自己的工作是否顺利。如果同事之间关系融洽,人们就会感到心情愉快,有利于工作的顺利进行,从而促进事业的发展。反之,同事关系紧张,相互拆台,经常发生摩擦,就会影响到正常的工作和生活,阻碍事业的正常发展。

若是希望在职场中处理好同事关系,先要从以下几个方面做起。

1. 要学会尊重同事,相互尊重是处理好任何一种人际关系的基础。

2.同事之间,可能会有相互的往来,但是切记,在发生借贷关系、借用物品的时候,一定要记清楚,不能大意,避免给以后的相处种下不愉快的种子。

3.要学会关心同事,帮助他做一些力所能及的事情,一来可以给对方留下好的印象,二来还可以增加彼此之间的感情。

4.不要随便议论别人的隐私,每个人都有各自的隐私,是隐私当然不想让第二个人知道了,在背后随便谈论别人的私事,是不道德的行为,这样做会损坏他人的名誉,更会让双方关系恶化。

5.做了错事,就要主动去道歉,不要小肚鸡肠,对人耿耿于怀。只有得到了对方的谅解,才不会让误会继续下去。

6. 不要与同事形影不离,同一战壕的战友,往往容易"同仇敌忾",一致对外。

7.有话说在当面,最好在领导面前提出自己的见解,如果你的想法独特可行,对公司有利,这样对提高你的威信会产生积极作用。

8.杜绝虚伪。我们经常会看到这样一种现象:两个人在办公室里嘻嘻哈哈,看上去亲密无间,但是,等另外一个人离开之后,马上变脸,开始指责对方的缺点。

崇尚文明,是我们中华民族的优良传统,一个人待人的态度是彬彬有礼还是野蛮粗暴,是真心诚意还是两面三刀,这些都是衡量一个人道德修养的标尺。

如果我们在与同事相处时,能以礼相待,相信你的人际关系也一定会日趋融洽。学会待人宽容,与人为善,别人就会从内心深处接纳你,只有真诚待人,别人才会真诚待你。如果你待人虚伪,经常闪烁其词或谎话连篇，就会失信于人，你的交际形象也会因此而大打折扣。

在公司里，忠诚的表现是坦率和诚恳，而不是一味迎合他人，一个信守忠诚的人，必然要始终如一地保持这种作风。如果一个人习惯于说谎，他的内心一定是摇摆不定的，所以，做起事来底气不足，态度也不自然，最终使人无法信赖。

在任何一个团队中，精诚合作、以诚相待，都是团队成功的保障，这种态度不仅会对你的工作有所帮助，同时也能帮助你与同事保持良好的合作关系，与周围的人建立良好的友谊。

3 不要在职场散布花边新闻

在职场上，经常会听到一些小新闻，其实，这种小新闻的内容多半是一些跟感情有关的话题。因为，没有一家公司的员工是"清一色"的，只要有男人和女人的地方，这些喜欢制造新闻的人，总是能捕捉到一些新鲜话题。

职场的花边新闻，无处不在。只要你一不小心，和异性接触频繁，就会被人说成"办公室恋情"，这种传闻还有一个特点就是越传越神奇，如果你某一天，不幸成为"新闻事件"的主人公，会感到气愤、无助，甚至可能连对手都找不到。

这时候，你希望找一个能够理解你的人诉诉苦，而这种努力却往往是越描越黑，越想解释清楚就越说不清楚。

如果你所在的公司里，经常会流传一些这样的"新闻"时，你首先要做的就是行为谨慎，不要成为流言的主角。如果退一步说，这样的情况恰好发生在你的身上，你也不要为此过于痛苦，清者自清，浊者自浊，流言止于智者。

要知道，在这个世界上，没有流言能够真正地中伤你，能够让你受伤害的只有你自己的内心。当你无法决定别人行为的时候，只能让自己的内心更加坚定，对自己做的事情完全负责。

在一家公司里，有两个实力非常强的管理员，大家都看得出，两个人是竞争对手，时刻都在暗自较量。有一次，他们这个部门的经理被提升到总公司去了，这个部门空出来一个经理的位置。两个人同时盯上了这个位置，都用各自的手段来争夺经理的宝座。

这两个人基本上属于同时来到公司的，资历不相上下。不过两个人做事的风格却相差巨大。

其中一个管理员，工作业绩相当好。他总是用自己的工作能力来证明自己的实力，而另一个人的工作业绩不如他的同事，可是，他在同事之中拉帮结伙的本领很强，经常请同事吃饭、送小礼品，所以他的人缘比较好。

没过多久，第二个人通过董事会秘书打听到一个消息，董事会有任命那个业绩好的人担任经理的意向。他认为自己不能这样坐以待毙，于是，就利用自己的小帮派，在办公室散播谣言，说那个工作业绩好的管理员曾经离过两次婚，而且，现在背着老婆，外面还有第三者……

这件事很快就在公司里传得沸沸扬扬，不仅整个公司员工都知道了，而且连高层领导也有所耳闻……

这个被传有绯闻的管理员还不明就里，后来，当他听说自己在人们的传闻中，几乎变成了“西门庆”，他很气愤，想追查谣言的源头，却又找不到，最后感觉很憋气，一怒之下，辞职离开了。

像这位愤然离职的员工，就是典型的谣言受害者。如果在生活中不幸遇到了这样的事情，首先要保持内心的冷静，该干什么干什么，不为谣言所左右，也不要去试图解释，因为任何解释都会让这个事情变得更加复杂。

最好的办法是静观其变，等待水落石出，要坚信乌云遮不住太阳，职场中的“花边新闻”就像太阳下的残雪，早晚都会自然消融。

有时候，别人对你有所传闻，是因为别人不了解你，但是，你这个人是活生生的，你的所做所为，别人都能看得见，只要你不把流言放在心上，继续工作，相信谣言很快就会不攻自破。

某公司准备提拔一名年轻人做办公室主任。安权和子函都是候选人之一，他们两个人的实力相当，同时又是最好的朋友。

一天，经理叫安权去他的办公室，并且告诉他一个消息，说老板初步决定，把主任这个位置交给安权来做。安权听到这个消息很开心，前几天，他一直都在为自己是否能坐上这把交椅感到忐忑不安，现在好了，一块石头终于落地了。于是，他忍不住心中的喜悦，在经理面前打开了话匣子，他说到了自己任职以后的工作计划，讲得头头是道，经理也连连点头。

但是，当经理跟他无意中说到了和他一起竞争的子函时，他便讲了一些对子函很不利的事，另外还加了一些“小道新闻”，这件事情使经理感到很不愉快，在他的心里，对安权的评价大大下降。

几天后，公司的正式任命终于发了下来，结果，这个主任的人选并不是安权，而是子函。

后来，安权才知道，经理分别找了他们两个人谈过话。而子函对安权的评价却很高，还说如果让安权做这个主任，他一定会全力以赴地支持安权的工作。

经理感觉到，子函的胸怀比安权大得多，而且他说话的态度非常真诚，所以，经理才把主任这个位置留给子函。

在企业中传播花边新闻，最主要的企图就是整垮别人，其中不乏因嫉妒别人才干而萌生的阴暗心理，所以选择了“花边新闻”这把杀人不见血的软刀子。传播“花边新闻”的行为，既损人又不利己，对企业，对个人，都是有百害而无一利的坏事。

我们要认识到它的害处，坚决杜绝“花边新闻”的产生和流传，即使是这种无聊的新闻已经产生，也不要把这个事情看得太重，就让它自生自灭好了，一定要坚信，流言永远止于智者。

4 让自己不断接受新工作的挑战

在工作当中，我们经常会面对各种各样的难题，只有不断地学习和进步，才有可能不断迎接工作中新的挑战。工作中的每一项任务，都可能是来自不同的领域，所以对员工提出了很高的要求。怎样才能应付复杂多变的职场挑战？很多在职场中积累了丰富经验的前辈总结出这样一条经验，面对不断出现的挑战，我们就要像学生做作业那样，从简单到复杂，从单项选择题做到多项选择题，最后再来完成分数最高的大题。

工作中总会有源源不断的新鲜事物产生，让我们大开眼界，也让我们在挑战中不断成长。有的人对待工作没有正确的态度，一天到晚，总是拿出一副无所谓的架势，好像他永远都能举重若轻，治大国如烹小鲜，一旦真的遇到了难题，反而不如那些自认笨拙而不断进取的人能够迎接挑战，承担重任。

莎莎在一家化妆品公司上班，她一直想要自己创业，但是，自己毫无经验，她在这家公司里寻找机会，多学多看。这是一家私营企业，每天都要派出业务员，去跑市场、谈业务，莎莎原来是一名文员，但是，为了有机会锻炼自己，她就去找总经理，要求到业务部，当上了一名业务员。

她第一次谈业务，没有任何经验，但是，她却有一颗诚心，第一次她遭到了拒绝，但是，她第二天仍然准时出现在对方的办公室，这种顽强的精神感动了商家，最后和她签了约。

在以后的日子里，莎莎总是做别人不爱做的事情，在经过两个多月工作的锻炼之后，她已经学会了怎样经营自己的店铺，于是，她辞了职，在繁华的街道上开了一家自己的化妆品商店。

开始的时候，顾客不是很多，她想了很多方法，最后想到了用促销的办法扩大宣传。这样一来，虽然利润小了，但是她学会了运用了商业手法，薄利多销。

在经营过程中，她开始改进经营方式，吸引更多的客人，她的小店越来越火，但是，她并不满足。于是，她让员工帮助自己看店，自己出国深造去了。

一年之后，她带着外国的营销方式回国了，由于掌握了化妆品营销的先进理念，她的小店也不断扩大，目前已经成为一家小有规模的化妆品公司了。

在生活中，有人喜欢让自己经常接受挑战的机会，把自己的潜力发挥得淋漓尽致，也有人比较害怕挑战，一旦遇到困难就绕着走。

其实，成功的过程就像是走独木桥，当面对险境的时候，很多人早已失去了平静的心态，慌了手脚，乱了方寸；而有的人却懂得如何控制自己，走好脚下的每一步，一直走到光明的彼岸。

倦怠和不自信让我们怀疑自己的能力，认为成功仿佛远在天边，遥不可及，其实，我们只要管好自己的每一个“当下”，不必想以后的事，心里只要想着今天我做些什么，明天我该做些什么，然后就去努力地完成。如果你能很好地控制住自己的念头，时钟上的秒针，每摆一下，成功的喜悦就会跟你更靠近一点。

要相信自己，勉励自己，告诉自己你一定可以，你一定会做得更好，不管遇到什么样的问题，只要我们敢想敢做，就没有解决不了的，事事都有解决的方法，找对方法就找对了前进的路子，要勇于接受自我挑战，再大的困难都将不再是困难。

面对挫折的时候，如果你害怕了，那么你就一定会失败了。如果你用顽强的毅力和必胜的决心来战胜挫折，成功一定会成为你的座上客。

所以，每个人都应当把自己看成是一个艺术家，而不是一个工匠，应该用心、用创作的态度去对待每一件事。如果每一件事情都用心做，相信一定可以做得更好；能付出百分之百的努力，绝不付出百分之九十九，不论你的薪水和职位是高还是低。

在一场国家级比赛的决赛上，海文面临着他运动生涯中最富挑战性的时刻。横竿定在17英尺，比他个人最好成绩高3英寸。这个高度，意味着他将飞到二层楼那么高，对于观看这项比赛的任何一个观众来说，都是一次见证奇迹发生的机会。

海文从记事的时候开始，始终梦想着飞翔。从14岁起，开始了一项周密详细的举重训练。他隔一天练举重，隔一天练跑步。训练计划是由教练也即他的父亲精心制订的，海文的坚定执著、严格的训练也是父亲一手调教的。

他是一个优秀的学生，身上有一种为了追求完美而奋力拼搏的顽强意志。父亲总是对他说："想要得到，就必须努力。"

这场即将到来的国家级比赛，对他来说，是他多年以来一直追求的机会，他知道，最后的时刻到了，只要跨过这个高度就可以稳获冠军。

他在草地上翻滚了一下，指尖上举，祈祷了三次。然后，他拿起撑竿，稳稳站定，踏上他17岁的生涯中最具挑战性的跑道。

横竿被定在比他个人成绩高18英寸的位置上，距离全国纪录仅1英寸。他感到剧烈的紧张和不安。他想起母亲经常告诉他,在这样紧张的时候,做一下深呼吸。他照着做了,紧张的感觉顿时消失。

他把撑竿轻轻地置于脚下,然后伸开胳膊,抬起身体,他小心地拿起撑竿,心脏怦怦在跳。他想,观众一定也是屏住呼吸,四周静寂。

他开始全速助跑,跑道与往日不同。地面就像他常梦到的乡间小路一样熟悉。他做了一下深呼吸,毫不费力地飞了起来,然后,他听到了耳边传来的掌声,他跨越了那个梦想的高度。

现在的科学表明,我们一个人的一生,所开发使用的能力只是身体所拥有能量的百分之二到百分之五。我们从生到死,都把大量的能量空空地浪费掉了。这个问题的关键,不是我们太笨,而是因为我们没有找到唤醒生命能力的方法。因此,我们要找到开启生命发动机引擎的钥匙,调动我们内在的能力,为我们创造一个更加美好的未来。

5 享受工作,让自己在团队中如鱼得水

要想让自己在公司里的工作顺风顺水,首先要学会对自己的工作产生兴趣,寻找兴趣所在,让自己在职场中如鱼得水。要学会享受工作,享受生活,不给自己施加压力,以出色的能力,完成工作的目标。其次,要养成“主动干工作、简单过生活、结识好朋友”的三大良好习惯,适时地总结自己的工作和生活,适当规划下一段时期内的个人工作和生活目标。

很多人在公司里,有融入团队的想法,但却总是感觉好像有一堵看不见的墙壁,将自己与其他人隔开。这种情况产生的原因有很多,我们还是应该从自身寻找原因,看看问题出在哪里。

对于那些不能快速融入企业的员工，不妨从以下几个方面找找原因，第一，另类打扮，让别人对你望而却步；第二，恃才傲物，看不起别人；第三，生活懒散，不努力工作。

你可能认为，新潮时尚的打扮能够体现你的个性，但是，你应注意的是，这里是工作场合，不是时装秀的舞台，另类的打扮，会制造出与业务场所极不相称的气氛。

除了另类的装束之外，还有，在公司里，不要利用上班时间处理私人事务，这样的员工看起来好像很聪明，却会给人留下很坏的印象。

如果换一种方式，在职场中兢兢业业，始终都有良好的表现，就会因此获得好的绩效评估，给我们的职业生涯带来积极的助力。

于扬最近找到了一份新工作，以前的他总是懒散傲慢，使得自己好几次失去了工作，经过几次碰壁之后，他决心从零开始，彻底改正以前懒散的工作作风，现在的他为人热情，很快就融入到新公司的大团队当中。

周围的同事们也很喜欢他，对他非常友好。他总是以公司为家，在处理人际关系的时候，也总是以同事的利益为重。每天早晨上班，他都会在等车的时候买一份环球时报，然后，将这份报纸在公司里传阅，大家都看过之后，他最后一个看报纸。

遇到加班的时候，食堂里没有饭，他就会自告奋勇地跑出去给大家买饭。他把公司里的每一个同志都当成了自己的亲人，而同事们也把他当成自己的亲兄弟一样看待。

有了这种气氛，他在公司的大家庭里生活得如鱼得水，公司的业绩不断增长，他的工资也比最初来公司的时候增长了将近一倍。

在职场上，如果想让自己如鱼得水，要先从学说话开始。在公司里，大多数高级职员都比较矜持，不爱主动跟人打招呼，而那些嘴巴较甜的人，大多都是中低层职员。

很多高级职员，虽然业务能力很强，但是由于缺乏与人沟通的能力，不爱说话，给人留下一种冷漠的印象，甚至可能会造成人际关系的障碍。在公司里如果平时与同事说话的时候，嘴甜一点，时常面带微笑，这样做会有利于职场中人际关系的和谐。

在企业中，上下级的等级制度森严，做下属的说话行事要多加小心，但是，一个良好职业操守的员工，应该在关键的时刻敢于直言，但是怎么提意见才能让领导真正地接受，这里就涉及到一个说话的艺术。

很多人都有过类似的经验，在关键时刻发现了工作中致命的错误，但是，这件事却是领导授权做的事，发现了这种情况，如果直接提出来，会让领导很尴尬，不提出来，又会让公司的利益受到损失。每当这个时候，就要用一种婉转的方式，向领导指出问题所在，同时提出一个更为可行的方案，交给领导权衡，在与领导取得共识以后，协助领导和同事尽量努力，弥补损失。

这样的过程，是一个员工自我成长和自我完善的过程，同时也是衡量一名员工是否优秀的标准。

一个好的员工才能影响一个团队，很多好员工就构成了一个好的团队，只有员工与团队之间形成一种相互依托的关系，才能使员工在工作中如鱼得水，发挥出自己的潜能，创造出更多的佳绩。

6 诚实坦荡，问心无愧

诚实是做人的一种品质，是为人处世之本、君子之德的核心，诚实不仅是中华民族的传统美德，同时也奠定了现代文明的基石，是处理人与人之间、人与社会之间的基础道德规范。

无论什么时候、什么地方，都可用诚实来衡量一个人的品行，检验一个人的道德情操，如果你是一个诚实的人，那么，你的一举一动都是可以信赖的，在工作中，你会对自己的工作积极主动、尽心尽力。

职场上，很多公司都注重一个人的品行，并且以此作为晋升、任用的标准。诚实的人，会赢得更多的机遇，机遇总是去寻找那些诚实可靠的人。

即使工作经验丰富、技术熟练，但是，如果你缺乏诚实的品德，你就不会在公司里得到老板的重用，也很难在职场上长久地立足。

只有“诚实坦荡，无愧于心”，才能在公司里得到晋升、发展的机会，才能获得永久的成功。在任何情形下，不为利动、没有私心的人，都是能够得到老板信赖的人，这种人一定可以在职业生涯中得到丰厚的回报。

小陈和小李两个人都是外地来打工的人，他们两个合租了一套房子。有一次，两个人看到一个招工的广告，两人前往同一家公司应聘。

那家公司待遇优厚，前来应聘的人不下上百人。面试结束后，主试者说还要试用一下，叫他们两天后去报到。

两天后，他们俩早早地到了公司。公司老总亲自为他们安排了当天的工作——给他们每人一大捆宣传单，让他们到指定的街道各自发放。

小陈抱着传单，来到了规定的地点，见人就往手里塞，有的人理都不理，有的人接过来之后看都不看，直接扔进了垃圾箱，小陈见了，他觉得这些传单被直接扔掉了太可惜，于是，他就把传单捡回来重新派发。

小陈就这样常常“返工”，他忙了一整天，可是，手上还剩下厚厚的一叠传单没有发完。下午的时候，小陈拖着像是灌了铅的腿，满身疲惫地回到公司，走进公司办公室一看，见其他人的传单都发完了，只有他没有完成公司交给的任务，小陈的心慌了。

老总问小陈发了多少传单？

小陈涨红着脸，难为情地说："我干得不好，还剩下这么多，请原谅！"

老总又问小李，小李很轻松地说："我全都发出去了！"

在回住地的路上，小李一个劲儿地埋怨小陈太笨，他告诉小陈，自己的传单也没发完，剩下的全都扔进垃圾桶了，其他的人，想必也是如此。小陈的心一下子冷了半截。

但是，招聘结果公布出来之后，却大出人们的意料。在那次招聘中，小陈成了这家公司唯一的被录用者。

一年以后，小陈因为业绩突出，已经升任公司一个部门的经理。在公司年度庆典晚宴上，小陈想起了当年的事，他问老总，当初为什么选择将他留下？

老总说："一个人一天能发放多少传单，我们早就测试过了。那天我给你们的传单，用一天时间肯定是发不完的。但是，其他人都说自己发完了，只有你把剩下的传单带了回来，答案就这么简单！"

诚实能升华你的人品，诚实犹如一股清新的空气，只有诚实才能取信于人，这是永恒的真理。一个人如果失去了诚实，就可能失去所有可能成功的机会。诚实的员工更容易受到老板的重视，诚实的品格是一个人无形的财富，它会帮助你走向成功。

7 团结协作，与上下级搞好配合

同事之间、上下级之间，给对方一种可以信赖的安全感非常重要。如果同在一个公司里工作，大家互相猜忌，心里话不敢说出来，在一起谈话顾左右而言他，就很难形成合力，把公司的事情办好。

新人刚到一个公司，就好像是在汪洋大海中游泳，没有安全感，不知如何融入群体。这个时候，职场新人唯一可以做的事情就是努力工作，既然公司招聘你，就一定是有某个岗位需要你，所以，把分配给自己的工作做好，也是报答公司知遇之恩的一种方式。

对待平级的同事，首先要尊重他们，最忌讳在同事之间说三道四。即使别人在你面前说别人的是非，也要超脱一点，把别人讲的闲话当成一阵风，吹过去就算了，千万不要当真，更不要当传话筒。

如果单位里面，有两派人水火不容，这个时候一定要明哲保身，不要牵扯到派别斗争之中，招惹是非。这个时候你一定要看清形势，如果不小心卷入了办公室政治，假设你跟甲这一派人走得近，就会无形中得罪了乙的那一派，他们会对一个新人处处打压，在工作中给你拆台，如果再加上完不成任务，领导就会对你的能力产生质疑。

所以，一个新人想在完全陌生的环境中保全自己，最好的办法就是在这个关键期，全力执行领导的命令，配合领导工作。对待同事要尽量亲和，不要给人留下自大、傲慢的印象。

如果你有朝一日熬成了部门领导，能否平等地对待下级，就成了考验你的一个标尺。作为上级，给下级安排工作时，可以关心一下下属的生活，但切忌涉及对方隐私的个人问题。

作为上司，你有责任不失时机地为下级创造一些惊喜，这种周期性的刺激能够创造出持续不断的动力，从而避免长期工作给员工带来的倦怠情绪。

下级在上级面前，一定要拿捏准自己表现的尺度，如果把戏演过了，不但会影响上级对你的印象，甚至可能会影响到你的前途。但是，如果在上司面前总是表现得胆小、拘谨、谦恭，唯唯诺诺，也不会让上司对你产生好的印象。要知道，上级虽然喜欢下级服从自己的命令，但是，绝不会喜欢那些完全没有主见的“窝囊废”。

所以说，对待上级不仅要尊重，更要慎重，但不能一味附和，做一只学舌的鹦鹉。在必要的场合，你也不必害怕表达自己的不同观点，只要你从工作出发，讲出自己的道理，就不难博得上级的欢心。在保持独立人格的前提下，对各级领导，应该采取不卑不亢的态度。

向上级展示自己，还要选择有利时机，下级要善于利用一切与上级单独相处的工作空隙来与上级沟通，根据自己的问题重要与否，去选择适当时机反映问题。

如果一不小心，让自己的缺点在上级面前曝了光，或者被上级直言不讳地指出了自己的不足或缺点，明智的人绝不会马上跟领导解释，而是要感谢上级对自己的“关注”，并希望上级继续严格要求自己，帮助自己改掉缺点。

当你的工作成绩得到上级的首肯时，你应该真心诚意地感谢上级对你的帮助和栽培，让他清楚地了解到这一点——你知道自己的每一次进步，都与领导的精心培养密不可分。

在办公室里，最坏的结果就是与上级唇枪舌剑，如果出现了这样的情况是很麻烦的，所以，一定要杜绝这种情况的发生。

也有人认为，送礼是与上级沟通感情的润滑剂，但是，为了能使上级欣然接受自己的礼物，同时还要避免一些别人的议论，这就需要一定的智慧和手段。

因此，在送礼之前，一定要提前与上级约定拜访的时间，充分考虑人家的方便，切不可抱着“礼多人不怪”的思想，未经许可，就提着礼物贸然前去敲门。

在职场中，如果理顺了上下级的关系，职业生涯就将是一路顺风，如果不能理顺人际关系，你就会感觉到，仿佛处处都是陷阱，让你无路可逃。

马女士在一家公司里工作了多年，年初的时候终于被提升，干上了她非常喜欢的工作。她的上司欧阳先生，不仅是她多年的搭档，同时也是她的良师益友，对她的工作给予了很大的支持。

她的上司的上司，也就是公司的老总梁先生，对马女士的工作也很认同，所以，马女士在工作当中一直非常顺利，简直是要风得风，要雨得雨。但是，上个月，她的上司欧阳先生因故离开了公司，经钱先生推荐，公司从外面引进了一个海归人才——李先生，来接替欧阳先生原来的工作，成了马女士的新上司。

李先生的到来，使马女士的境遇发生了巨大的改变，无论马女士做什么事，他都要在事后指出毛病，有时候，马女士已经做完的工作，还要按照李先生的意见再做一遍，但是，李先生却不在事先予以安排。

最让马女士不能容忍的是，李先生不止一次在马女士的下属面前，说马女士的工作能力有问题。马女士很是苦恼，她想跳过李先生，直接找到梁先生反映情况。但是她又怕有越级告状之嫌疑，怕把这件事弄得更加复杂。

她想直接跟李先生谈谈，可是又担心自己控制不住情绪，会把自己跟李先生的关系搞得更僵。所以，马女士总是进退维谷，左右为难。

通过案例不难看出，上司与下属之间沟通不良，是每个企业都不可避免的问题。在职场中，关于上下级关系的处理，有很多种方式，任何一个上司，他是要靠下属和底下的团队去实现目标的。公司自然有一套考核体系，如果你也正在为上下级之间沟通不畅而苦恼，要坚定这样一个信念，你所做的工作，是在为公司创造价值，而不是为了某个人服务，所以，你所做出的成绩，也绝不会因为某个人的好恶而被抹杀。

8　帮助别人成就，自己自然成功

说起“同事”这个名词，就是在一起共同做事的人，不论什么工作，既然是同事，就应具有彼此合作的诚意，工作中相互协作。如果同事之间不能相互信任，就必然会互相牵制，以至于无法如期完成工作。

所以，在公司里，与同事相处，合作的态度是第一位的。其次，在一起工作，为的是实现一个共同的目标，如果不能劲往一处使，同事间缺乏信任，每个人都各行其是，便会失去共事的基础。

小华是一名营销专业的大学生，他不仅人长得帅，而且还能说会道，口才不错。毕业后，他在一家大型健身会所当业务员。工作没多久，由于他各方面的优势，很快就得到了老板的赏识。照理说，小华应该是很有前途的，但是，他有一个致命的弱点，就是不能很好地跟同事合作。

有一天，同事杜涛联系到一个大客户，他怕自己谈不下来，想请小华帮忙拿下这个客户。

结果，小华推脱自己下午有事要出去，婉言拒绝杜涛的请求。但是，那天下午，小华并没有出门，而是一直在办公室里发传真。

杜涛看到之后，心里非常愤怒，于是，就在办公室里努力团结周围的“兄弟”们，把小华晾在一边。

不久，小华也遇到了工作上的困难，因为患重感冒，几天都无法接待客户，便赶紧打电话，请杜涛帮他接待一下。

杜涛想起了他以前曾经在小华那里受到的冷落，于是，决心以牙还牙，那天，小华的客户来到公司，杜涛找个借口出去了，办公室里的其他同事，也对小华的客户爱理不理。

小华感冒好了以后，回到公司，发现自己的业绩严重滑坡，后来才知道是杜涛他们合伙搞鬼，于是他对同事们产生了更大的怨恨，以后更加不帮周围人的忙，和杜涛等人的关系也一直处于剑拔弩张的紧张状态。

就这样，小华与同事之间的人际关系形成恶性循环，业绩一步步下滑。他在工作当中，感受不到一点快乐，每次进入会所，都感觉心里很压抑，后来患上了严重的抑郁症，最后只得无奈地选择了辞职。

小华的“离开”，再一次说明一个道理：在职场中，即使是才华横溢的人，也不见得能够游刃有余。

在社会快速发展的今天，一个人想要得到同事的认可、上司的欢迎，除了自己努力工作之外，团队精神不可或缺。

如果小华一开始就能够和同事搞好关系，在工作当中相互配合，在别人需要自己帮忙的时候，及时伸出援助之手，主动帮忙，那么，他最终的结果也将会是另外一种情况。

所以，对于职场人员来说，从进入公司的第一天开始，就要时刻注意，培养自己的团队精神，学会配合上司与同事，从而也赢得他们的配合。这一切，正如这句名言所说：“我们想要别人怎样对待我们，就应该先去那样对待他们。”

通过这个案例，我们可以看得出，一个优秀的员工，一定是在工作中懂得配合上司与同事的人，当我们用全部的热诚，帮助上司或同事解决某个问题的时候，不仅可以促使自己的身体与精神处于一种“总动员”的兴奋状态，同时也便于迫使自己重新选择思考问题的角度，进而从中积累成功的经验。

俗话讲，“十年修得同船渡”，能在同一家公司工作，也是一种难得的缘分，当其他同事遇到困难时，主动伸出援助之手，一定会与大多数人建立起真诚的友谊。

小勤和莉莉是某公司同期招聘进来的新人，在男员工占多数的零件制造公司里，外貌出色的莉莉很快成为众人争相讨好的对象，就连主管也特别喜欢她，莉莉即使犯错也很少受到苛责。

相反，小勤不但要承接较多的业务，而且每次犯错误都要被主管臭骂一顿，相较之下，大家都觉得小勤一定会嫉妒莉莉，说不定两个人很快就要闹翻。没有想到，她们两个不但没有反目成仇，而是成了极好的朋友。

原来，虽然小勤比莉莉承受的压力大得多，但是，有时候，她和客户洽谈时，原本一直不肯让步的客户，在和莉莉交谈几句之后，态度马上就会发生转变，有莉莉的大力帮忙，小勤顺利地获得了很多订单，因此，她也拿到了丰厚的奖金。

莉莉在企划部工作，当莉莉的企划案无法过关时，小勤也会主动帮忙，提出很多建议，帮助莉莉多次修改，直到让莉莉的企划案顺利通过为止。

两个人虽然在不同的部门，但是她们俩一直密切合作，两个人的智慧总是要比一个人更为丰富，所以在公司里，很多事都在这对“女孩组合”的共同努力下顺利解决。两个人的业绩奖金也都尽收囊中，主管也为此笑得合不拢嘴。

如果两个人分享幸福，一个幸福就会变成两个，如果两个人共同面对同一个困难，再大的困难也会被分成两半。在职场中，善于借助外脑工作的人，才是最聪明的，像莉莉和小勤那样，“双剑合璧”，在职场中尽情发挥自己的聪明才智的人，一定会获得成功的！

附　录

优秀员工行为自测题

根据以下内容选项，看一看，你是否已经达到了优秀职工的标准。

1. 遵守劳动纪律，遵守上班时间。(　　)

2. 在工作开始之前做好准备工作，做到有计划、有步骤、迅速踏实地进行。(　　)

3. 有了工作指令之后立即行动，在工作之中不扯闲话。(　　)

4. 在工作中，不会随便离开自己的岗位。(　　)

5. 离开自己的座位时，要整理好桌子上的文件。(　　)

6. 每天打开计算机，及时查看邮件。(　　)

7. 工作时间，不从事与本职工作无关的私人事务。(　　)

8. 办公用品和文件必须妥善保管，使用后马上归还到指定场所。(　　)

9. 办公用品和文件不得带回家。(　　)

10. 不能将公司的重要文件随意处理，或者遗忘在书桌上、书柜中。(　　)

11. 重要的记录、证据等文件必须及时归档。(　　)

12. 下班时，考虑好第二天的任务，并记录在本子上。(　　)

13. 如果你最后离开办公室，要自觉关好门窗，检查空调和电源等安全事宜。(　　)

14. 需要加班时，不以任何理由推诿。(　　)

15. 接受上级指示时，要深刻领会意图。（　　）

16. 虚心听取同事的意见。（　　）

17. 听取领导讲话，认真做好记录，充分理解工作的内容。（　　）

18. 遵守上司指示的方法和顺序，或视工作的目的而定。（　　）

19. 工作经过和结果必须向上司报告。（　　）

20. 到了工作期限，不能完成任务时，要马上向上司报告，请求指示。（　　）

21. 任务实施时，遇到疑问及时与上司沟通。（　　）

22. 在工作中，根据事实发表自己的意见，不得脱离实际，空发议论。（　　）

23. 工作受挫的时候，虚心接受批评意见，认真总结，相同的错误不能再犯第二次。（　　）

24. 工作受挫时，不要逃避责任，也不能因此丧失信心。（　　）

25. 愉快、开朗而有精神地工作，与同事友善地打招呼，让整个公司气氛活跃，充满生气。（　　）

26. 在工作中保持思想活跃，通过工作，让自己得到锻炼和成长。（　　）

27. 同事之间相互理解、信任，建立同事间和睦的关系。（　　）

28. 如果有问题一时搞不明白，要跟同事一起探讨，从而确定出好的意见和想法。（　　）

29. 在集体中，要有勇气敢于发表意见。（　　）

30. 注意健康管理，保证睡眠，消除疲劳。（　　）

31. 为了消除体力疲劳，缓解工作压力，应适量参加体育活动。（　　）

32. 因公外出时，需向同事或者上司交待工作事宜，保证工作衔接。（　　）

33. 因公在外期间，应保持与公司的信息沟通。（　　）

34. 在公司里服装正规，仪容端庄大方，做到服装整洁、鞋面干净，在

工作场所不打赤脚,不穿拖鞋、短裤。(　　)

35. 头发梳理整齐,不染彩色头发,不戴夸张的饰物。(　　)

36. 男职工修饰得当,头发长不覆额、侧不掩耳、后不触领,嘴上不留胡须。(　　)

37. 女职工淡妆上岗,修饰文雅,且与年龄、身份相符,不留长指甲,不染彩色指甲,在工作时间不当众化妆。(　　)

38. 在公共场所保持口腔清洁,在工作前忌食葱、蒜等具有刺激性气味的食品。(　　)

39. 在工作过程中保持微笑,目光平和,不左顾右盼、心不在焉。(　　)

40. 上班时,保持良好坐姿,上身自然挺直,两肩平衡放松,后背与椅背保持一定间隙,不用手托腮。(　　)

41. 避免在他人面前打哈欠、伸懒腰、打喷嚏、抠鼻孔、挖耳朵等不雅动作,实在难以控制时,应到卫生间里解决以上问题。(　　)

42. 在工作中,不能在他人面前双手抱胸,尽量减少不必要的手势动作。(　　)

43. 走路步伐有力,步幅适当,节奏适宜。(　　)

44. 讲话时态度亲切、诚恳、谦虚,语音清晰、语速适中、语调平和、语意明确、言简意赅,尽量讲普通话。(　　)

45. 与他人交谈时要专心致志,面带微笑,不能心不在焉,反应冷漠。(　　)

46. 在工作交流中,不要随意打断别人的话。(　　)

47. 与人交谈的时候,用谦虚的态度倾听对方的表达,尽量少用生僻的专业术语,以免影响与他人的交流效果。(　　)

48. 在公司里,遇到来访者,不论是否对口,都不能说“不知道”、“我不清楚”,而应该热心引导到要去的部门。(　　)

49. 开会期间关掉手机、不从事与会议无关的活动,如剪指甲、交头接

耳等。(　　)

50. 在开会时，不得随意打断他人的发言。(　　)

51. 在接受别人意见时，不要随意辩解，更不要乱发牢骚。(　　)

52. 在所有工作岗位上都要营造安全的环境，既要注意自身的安全，又要保护同伴的安全。(　　)

53. 提高安全意识，培养具备突发事件和意外事件的应急能力。(　　)

54. 爱护公物，注重所用的公司设备、设施，定期维修保养。(　　)

55. 节约用水、用电和公司的易耗品。(　　)

56. 养成良好的卫生习惯，不随地吐痰，不乱丢纸屑、杂物，办公室内不得吸烟。(　　)

57. 如在公共场所发现纸屑、杂物等，随时捡起放入垃圾桶，保护公司的清洁。(　　)

58. 在工作时间上网，不得进行与工作无关的活动。(　　)

59. 不得利用互联网制作、复制、查阅违反宪法和法律、行政规定的以及不健康的信息。(　　)

60. 以尊重的心态对待上级，从礼貌的角度对待下级，营造相互信赖的工作气氛。(　　)

61. 不根据自己的随意猜测对待同事，与同事共同营造良好的工作氛围。(　　)

62. 尊重他人，肯定、赞扬他人的长处和业绩，对他人的短处和不足，进行忠告并鼓励不断改进。(　　)

63. 在意见和主张不一致时，应理解相互的立场，寻找能够达成共同合作的方案。(　　)

64. 不在工作岗位上，以地缘、血缘、学缘组成小团体。(　　)

65. 对他人有意见应选择合适的时机和场合当面说清，不要背后乱发议论。(　　)

66. 不要看他人的笑话，如果发现同事有违公司规定的行为时，应及时善意地提醒。(　　)

67. 对领导的决策和指示要坚决执行，如果有保留意见时，可择机反映，但在领导改变决策之前，不能消极应付。(　　)

68. 不要胡乱评议领导、同事或下级，更不能恶语伤人。(　　)

69. 及时了解公司的业务发展和变化情况，并提出意见和建议，对公司的发展献计献策。(　　)

70. 思虑缜密，按标准做事，用数据说话。(　　)

注：每个选项为1分，满分为70分，40分以上为合格，60分以上为优秀。

四种方法摆脱职场困境

1. **冒险，聪明一点**

勇敢承担风险才能成就大事业！如果你的部门上司不幸被裁员，你想挑战一下接替他的职位，又怕升职不成反丢工作。该怎么办？

你该这样做

问问自己"有什么方法能把争取的成功几率放到最大?"在纸上分别列出成和败的因素、最好和最差的后果，还有遇到每种情况你会用什么方法应对。让整个情况完完整整摆在眼前沙盘推演，这时"冒险"就变成了"计划"，没什么好怕了。要记住，你的决定永远都不是一个错误，不管结果如何，那就是你当时的想法。勇于吸取教训、积累经验，才是你该珍视的宝贵财富。

2. **表达，直接一点**

怕有不同声音而不敢把想法说出口，想用婉转的方式得到大家支持，反而让人摸不着头脑？这都是缺乏自信的表现。其实表达越简单明确，别人越会认真对待。

你该这样做

增强自信最简单的方法，是从简化习惯用语开始。把"我在想，我们是不是应该考虑?"改成"让我们试试这样做吧！"避免说贬低自己的话，如"这个想法也许很幼稚。"或把不必要的"我认为"通通删掉，不兜圈子，尽可能直截了当的表达意见。另外要相信自己说出的每句话都有价值，更不要过度为自己辩解，那只会画蛇添足。

3.解决矛盾,专业一点

办公室里是非多:昨天大家一起吃饭没叫你,今天他在会议上反驳你,故意让你出丑,让你觉得自己是被大家排挤又不受尊重的可怜虫,其实事情并非你想象的那么复杂。

你该这样做

在办公室遇到不愉快,要把人和事分开看。首先,这样做能让你更专业,避免因某些根本不存在的原因大动干戈。另外,也能让你更清楚到底问题出在哪里:是人还是事情本身?如果的确是他对你本人有意见,又一时解决不了,可以试着对他的挑衅不做回应,反而能控制这场"战争",不让它成为你职场上的绊脚石。

4.赞美多一点,批评少一点

想在办公室和大家打成一片?不吝惜赞美别人一定没错!不想留下积怨?指责别人前三思而行。

你该这样做

每天上班,试试这几句话吧!"你看起来气色不错,这个颜色很适合你。""你太棒了,干得好!"但注意,赞美要发自内心,否则让人反感。如果你为同事的过错恼火,想当面修理他,先想想,如果有其他同事在旁边你还会这么做吗?如果不会,即说明你的批评并不客观,只是为了给他难堪。既然最终目的是让他认识到错误,就应尽量减少针对本人的指责,换以鼓励的话。易地而处,你也更愿意接受这种方式,不是吗?